U0817407

武汉·中国宝谷——愿景与梦想

WUHAN ZHONGGUO BAOGU YUANJING YU MENGXIANG

主　编：王焰新

副主编：邓宏兵　杨树旺　郝义国

编　委：周　玲　肖拥军　梁玥琳　汪再奇　曾　浩
李小帆　卢丽文　江晓晗　张　红　徐海军

中国地质大学出版社
ZHONGGUO DIZHI DAXUE CHUBANSHE

“武汉·中国宝谷”策划人讲述的宝谷故事

……

内容提要

INDICATIVE ABSTRACT

《武汉·中国宝谷——愿景与梦想》是“武汉·中国宝谷”系列丛书的第一本，主要从总体上阐述“武汉·中国宝谷”的基本架构、缘起、空间格局、产业发展及建设模式等问题。作为开篇之作，有助于读者全面系统地认识了解“武汉·中国宝谷”。全书包括宝谷之梦——宝谷架构、日思夜梦——宝谷缘起、七彩空间——空间格局、绚丽产业——集群发展、吹响集结号——政府引导、全员总动员——市场主导、任重而道远——重点突破七章内容。“宝谷之梦——宝谷架构”主要阐述了“武汉·中国宝谷”的建设范围、性质、功能定位、发展目标、空间布局等问题；“日思夜梦——宝谷缘起”从国际国内珠宝与旅游产业的大发展、“武汉·中国宝谷”建设的意义及可行性等方面阐述了“武汉·中国宝谷”建设的背景及战略意义；“七彩空间——空间格局”详细诠释了“武汉·中国宝谷”“一核一街三区多点”空间格局的内涵；“绚丽产业——集群发展”对“武汉·中国宝谷”建设国家珠宝文化旅游产业基地的产业路径进行了框架性设计和界定；“吹响集结号——政府引导”探讨了政府在“武汉·中国宝谷”建设中的作用和定位；“全员总动员——市场主导”阐述了“武汉·中国宝谷”建设的市场准则及代表性企业在推动“武汉·中国宝谷”建设中的垂范作用和定位；“任重而道远——重点突破”提出了当前推动“武汉·中国宝谷”建设的难点及重点突破口。

宝谷心语

“武汉·中国宝谷”策划人之一、中国地质大学（武汉）校长王焰新教授说：“建‘武汉·中国宝谷’是我们的梦想，建‘武汉·中国宝谷’是中国地质大学的社会责任和义务，建‘武汉·中国宝谷’中国地质大学责无旁贷。”

“武汉·中国宝谷”策划人之一——王焰新教授

“武汉·中国宝谷”策划人之一——邓宏兵教授

宝谷是国家级珠宝文化旅游产业基地
是一个高科技园区，强调用技术推进宝谷建设
必须从区域经济发展战略的高度去理解、推进宝谷建设

“武汉·中国宝谷”策划人之一——杨树旺教授

没有文化的珠宝产业是不可持续的
宝谷建设倡导用文化推动珠宝旅游产业发展
宝谷建设强调珠宝、文化、旅游的融合发展

“武汉·中国宝谷”策划人之一——郝义国教授

我们提出了宝谷的发展战略框架
但更主要的是如何去实现它
把宝谷落实在大地上是我们未来的重要工作

目录 »
CONTENTS

美梦篇

一、宝谷之梦——宝谷架构

一、宝谷之梦——宝谷架构

我们的宝谷梦：依托中国地质大学（武汉）建设武汉东湖国家珠宝文化旅游产业基地（武汉·中国宝谷）。想到中国地质大学（武汉）就会想到中国宝谷，想到中国宝谷就会想到中国地质大学（武汉），就像斯坦福和硅谷一样！

武汉·中国宝谷　　平面图（一）

Wuhan · Jewellery Valley of China

控制范围　　核心区范围

“武汉·中国宝谷”架构

名　称		武汉东湖国家珠宝文化旅游产业基地（简称：武汉·中国宝谷、中国宝谷、宝谷）
范　围	控制区	南部区域包括鲁巷转盘及周边地区、鲁磨路［鲁巷—中国地质大学（武汉）南界处］临街地段、中国地质大学（武汉）； 北部区域包括南望山及喻家山以北、喻家湖路以西、团山路以南、团山路—东湖东路—南望山西路环线以内的地区。 面积12 000亩（1亩=0.000 666 7平方千米）。
	规划区	南部区域包括鲁巷转盘及周边地区、鲁磨路［鲁巷—中国地质大学（武汉）南界处］临街地段、中国地质大学（武汉）； 北部区域包括以八一路延长线和鲁磨路交叉口为节点的南望山—喻家山以北、张家山—毕阁山—风筝山以南、夹山分水岭以西、八一路延长线还建小区以东区域。 面积6 000亩。
	核心区	以八一路延长线和鲁磨路交叉口为节点的南望山—喻家山以北、张家山—毕阁山—风筝山以南、夹山分水岭以西、八一路延长线还建小区以东区域。 面积2 700亩。
性　质		国家级珠宝文化旅游产业基地、研发性总部和区域性营销总部基地、中国珠宝国际化窗口。以珠宝设计和创意为核心，集珠宝研发和艺术品展示与信息交流、营销、交易为一体，珠宝文化交流、购物休闲与文化旅游功能兼备的主题区域。
功能定位		行业功能定位：珠宝艺术极核，行业创新中心。填补中部地区珠宝产业空白，成为“中部崛起”标志性工程。 城市产业功能地位：武汉市珠宝产业生长和发展的极核区域。 城市旅游功能地位：武汉市（东湖）特色购物旅游休闲区，提升武汉旅游品牌。 东湖风景名胜区中的地位：打造东湖滨水生态主题特色休闲空间，提供具文化性和参与性的主题旅游项目，丰富东湖旅游活动项目，拓展东湖旅游主题，提升东湖旅游品牌，成为东湖“5A”级景区的特色项目。 湖北省发展中的定位：立足武汉，带动宜昌、十堰、黄冈、襄阳、恩施等地相关产业发展，辐射全省；发挥特色产业独特带动作用，服务湖北区域经济发展，在产业扶贫和“两圈两带”（武汉城市圈、鄂西生态文化旅游圈，湖北长江经济带及汉江生态经济发展带）战略实施中发挥独特作用。
发展目标		立足中部，面向国际，与珠三角、长三角、西南错位互补，打造中国珠宝第二极，构筑“中国宝谷”，形成特色鲜明的旅游目的地。 近期（2013—2020年）：依托鲁磨路和中国地质大学（武汉）现有基础，加大武汉东湖国家珠宝文化旅游产业基地建设力度；大力招商，形成珠宝零售交易特色街区与园区，促政、学、商联合，引导商学联盟，培植壮大产学研基地；结合武汉及东湖旅游发展态势和格局，2020年成为年产值800亿元的产业基地和特色旅游目的地。 中远期（2021—2030年）：2030年成为具国际地位的中国珠宝产业中枢，中国珠宝行业研发、孵化中心和珠宝设计与创意中心，成为“中国宝谷”；结合武汉及东湖旅游发展态势和格局，2030年成为年产值3 000亿元的产业基地和特色旅游目的地。
空间布局		一核一街三区多支点。

释梦篇

二、日思夜梦——宝谷缘起

三、七彩空间——空间格局

四、绚丽产业——集群发展

二、日思夜梦——宝谷缘起

释梦的出发点是分析为什么要做梦。道理很简单，人们常说“日有所思夜有所梦”。随着经济社会的发展，珠宝文化旅游产业也面临新的形势，需要破题，需要寻觅新的路径。如果你长期思考这个问题，你就会做梦了！一句话，宝谷梦来源于对国内外珠宝文化旅游产业发展的认识，来源于对发展机遇的把握，来源于立足战略高度的思维。

缘　起

（宝谷为何横空出世？）

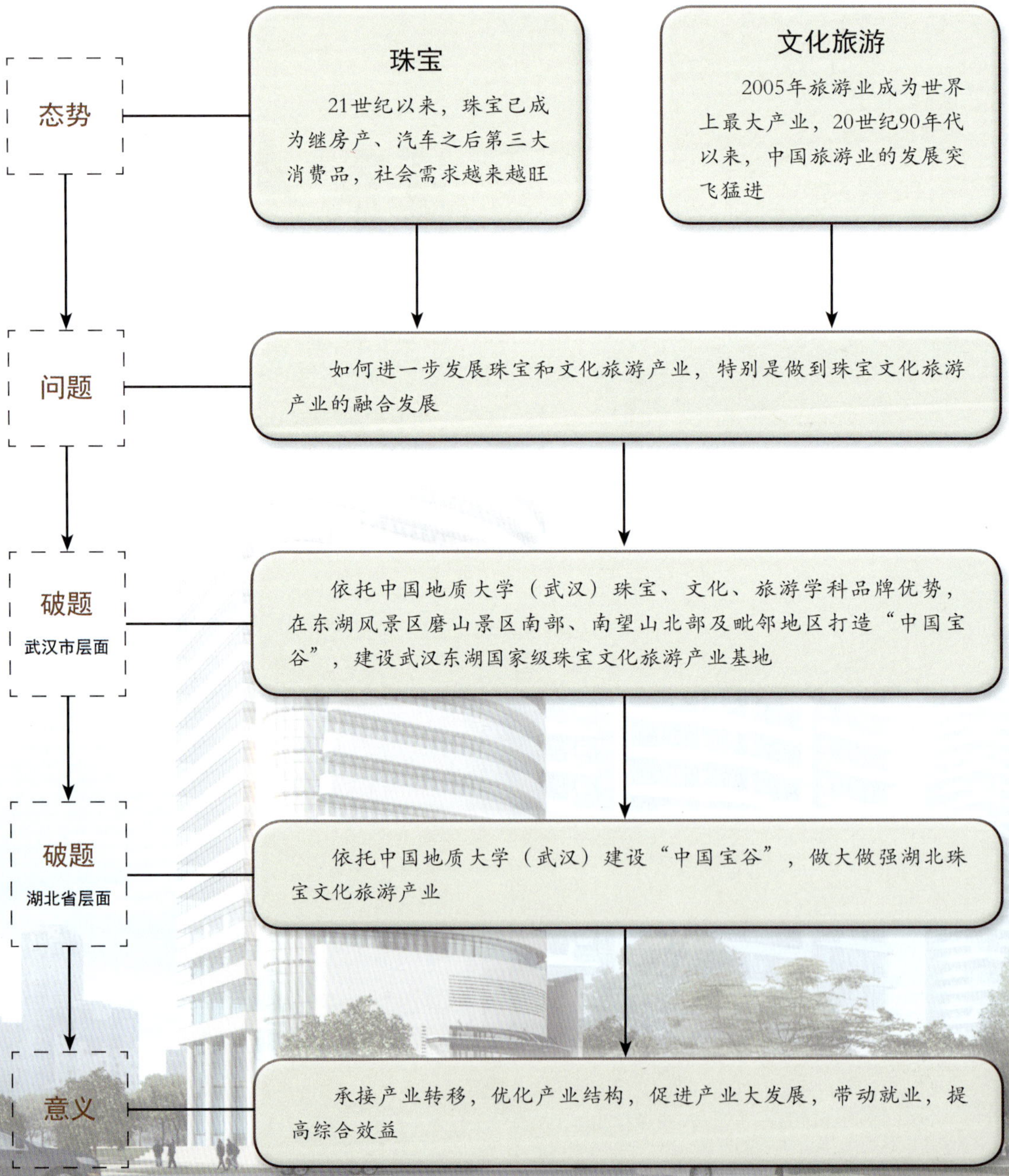

1．缘起一：国际国内珠宝与旅游产业的大发展

（1）国际国内珠宝市场产销两旺

【基本结论】国际国内珠宝市场产销两旺决定了必须大力发展珠宝产业。

国际国内珠宝消费市场特点

国际珠宝消费市场特点	第一，数量增长特点。数量增长方面表现出平稳发展特点。2000年以来销售额稳定增长，预计2015年将达到2 300亿美元。2000—2010年全球珠宝市场增速高于全球GDP（国内生产总值）增长率，其年复合增长率为5.05%，预计2010—2015年间年复合增长率为4.45%。 第二，空间分布特点。中心位于欧美发达国家，并正向亚太区域转移。欧美发达国家一直是珠宝首饰的消费中心，北美和欧洲在珠宝首饰市场中居重要地位。2000年以来，由于亚太区域经济发展带动奢侈品消费市场崛起，亚太区域逐渐成为全球珠宝消费的新高地。其中，中国和印度是推动全球珠宝市场增长的主要力量。
中国珠宝消费市场特点	随着中国经济快速发展，国内居民对珠宝首饰等奢侈品的需求增加，表现出消费总量大、增长速度快、发展空间大的特征。中国已逐步从珠宝加工市场成为全球消费市场。 第一，消费总量大，增长速度快。20世纪90年代中后期以来，中国珠宝消费市场发展迅速。2004年，中国珠宝销售总额突破1 000亿元；同年，其年均增幅开始高于消费品批发零售贸易增长率。2009年，中国珠宝销售总额2 200亿元，成为仅次于美国的世界第二大珠宝首饰市场。2004—2011年期间，中国珠宝产业销售总额年复合增长率为15.82%，高于同期GDP年复合增长率10.95%。 第二，多项珠宝产品消费居世界前列。中国在黄金、铂金、钻石、白银、玉石、翡翠、有色宝石等产品消费方面均居世界前列。2009年，中国黄金消费取代印度位居世界第一，年消费近500吨；铂金消费多年居世界第一，2009年首饰用铂金约54.5吨，占全球首饰铂金用量的71.5%；钻石首饰消费总额超过250亿元，位居世界第二；中国是世界上最大的玉石加工及消费国，年消费量超过200亿元；中国珍珠年产量约1 400吨，占世界珍珠年产量的95%以上。 第三，消费市场增长空间大，将成为世界最大珠宝首饰市场。中国珠宝首饰消费市场增长仍有较大空间。其一，收入增长刺激珠宝消费。世界奢侈品协会研究表明，人均GDP3 000美元时，奢侈品消费全面增长，根据“奢侈品双倍GDP增长规律”，未来中国珠宝市场将保持15%～20%增长率。其二，首饰消费不足，发展潜力巨大。中国人均年珠宝消费额仅为8美元，仍有较大增长空间。与此同时，中国女性首饰拥有率不足5%，远低于世界其他国家，而中国人口基数庞大，珠宝市场潜在消费能力巨大。预计中国珠宝首饰消费将保持旺盛的增长势头。在未来几年，中国将成为世界最大的珠宝首饰市场。

国际国内珠宝生产市场特点

国际珠宝 生产市场特点	首先，中国和印度是推动全球珠宝市场增长的主要力量。印度在钻石加工领域所占的份额将由现在的57%降低到49%，中国成为新兴的、庞大的钻石加工中心，约占世界份额的20%。这两个国家将成为世界级的珠宝首饰生产加工中心。 其次，珠宝生产制造向亚太区域转移。全球珠宝首饰业的发展中心将会转移到亚洲乃至中国，中国已逐步从珠宝加工市场成为全球消费市场。
中国珠宝 生产市场特点	20世纪90年代末以来，中国的珠宝首饰行业也呈现了高速发展的态势。 首先，中国的珠宝首饰行业处于高速成长期，并将保持持续快速增长态势。近几年我国珠宝市场规模增长率在15%～30%之间，未来几年中国珠宝首饰产业将以年增长率大于15%的速度持续发展。2011年，我国珠宝首饰行业销售总额达到3 800亿元，珠宝首饰出口达275亿美元 我国黄金、铂金、钻石、白银、玉石、翡翠、有色宝石等产品消费均居世界前列，已成为世界上举足轻重的珠宝加工大国和世界上最重要的珠宝消费市场之一。中国现已成为全球第二大珠宝制造基地和世界第二大钻石加工中心。但中国珠宝加工以中低档为主，质量不稳定，缺乏品牌意识，只是加工大国而非产业强国。其中，钻石首饰加工水平与国际市场接近。 其次，产业空间分布高度集中，表现出四种集聚类型。一是产业中心和经济与贸易中心重合，如珠三角、长三角、环渤海区域。深圳市罗湖区水贝片区是国内最大的黄金珠宝产业集聚基地。深圳珠宝产业集聚基地汇集了全国各地一流的珠宝企业，形成了设计研发、生产加工、批发零售、文化信息交流等一条龙的庞大产业链，产销量超过了全国珠宝产业的 70%，产品远销到了世界各地，一批获得“中国名牌”“中国驰名商标”“中国珠宝首饰业驰名品牌”的珠宝企业集中于此，从而使深圳成了全国最大的珠宝首饰集散中心。二是资源依托型生产与贸易中心，如浙江、内蒙古等。三是地方产业政策扶持型生产和贸易中心，如河南。四是依托旅游业形成的中心，如云南。 第三，特色珠宝产业基地不断涌现。中国珠宝玉石首饰特色产业基地的发展，或基于当地历史文化的积淀，或凭借当地宝玉石资源的开发和利用，或是最初几个珠宝企业的先行和开拓，逐步发展壮大。2006年，中国珠宝玉石首饰行业协会、国土资源部珠宝玉石首饰管理中心发起并开展了“中国珠宝玉石首饰特色产业基地”认定和培育工作。 第四，国际珠宝商抢滩中国内陆二线城市。近年来，国际珠宝生产与经营商更加看好中国市场，一些珠宝生产经营商开始将目光投向内陆二线城市。江苏是中国经济发展最快的地区之一，奢侈品消费市场增加快速。重庆发展也较快，周大福产业园基地亦入驻武汉市黄陂区。 第五，品牌空间分布与集聚。按品牌所占区域来看，目前正处于全国性品牌、区域性品牌和地方性品牌的三国鼎立时期。 第六，产业发展环境机遇与挑战并存。从生产及技术角度看，中国现代意义的珠宝产业仅20余年历史。从市场角度看，我国珠宝市场真正意义上的市场竞争才刚刚开始。标准缺失成为行业发展桎梏，首个珠宝业服务地方标准《贵金属及珠宝玉石饰品经营服务规范》2012年9月1日才在天津正式实施。目前，高端奢侈品主要为外资公司占据，中高端消费品主要为港资企业周大福、周生生、谢瑞麟等占据，内资企业主要发展中档产品和低端市场。

中国主要珠宝玉石首饰特色产业基地

类　别	代表性基地	特　点
镶嵌加工类	深圳罗湖区 广州番禺市	聚集了大量的贵金属首饰镶嵌加工、钻石切磨以及配套产品生产企业，催生了一批龙头骨干企业，同时在当地政府的大力支持下，物流服务、信息服务、技术服务等配套支撑体系不断得以完善
资源依托型	内蒙古赤峰市 辽宁阜新市 辽宁岫岩满族自治县 浙江青田县 福州晋安区 山东昌乐县 江苏东海县	充分依托当地的特色资源优势，发展玉石雕刻加工产业，成为当地居民就业、致富的重要渠道
资源整合型	河南镇平县 广东四会市 广东平洲镇	玉石雕刻加工和贸易基地
珠宝旅游型	云南瑞丽市 云南腾冲县 福建莆田市	依托良好的珠宝文化氛围，充分结合当地的旅游资源优势，形成特色鲜明的珠宝文化旅游特色产业基地
淡水珍珠	浙江诸暨市 苏州相城区	珠宝文化底蕴深厚，珍珠养殖技术成熟，珍珠贸易活跃
人工宝石	广西梧州市	拥有一支庞大的人工宝石切磨加工队伍
流行饰品	青岛城阳区	利用毗邻韩国的优势，大力发展以韩资为主的流行饰品加工贸易

2013年中国珠宝行业主要指标

珠宝产品零售消费总额	4 700亿元
各类珠宝产品出口额	500.91亿美元
贵金属制品出口金额	431亿美元
金银珠宝（消费）销售额	2 959亿元
彩色宝石（消费）饰品销售额	1 090亿元
玉石（消费）销售额	200亿元
钻石（消费）销售额	300亿元
珍珠（消费）销售额	70亿元
金银珠宝国内消费和珠宝产品出口总额	7 809亿元
珠宝网购销售额	120亿元
上海钻石交易所钻石交易额	43.27亿美元
珍珠年产量	800吨，占据全球总产量的90%

2006—2011年期间，即便是在国内经济受到全球性金融危机影响较大的年份，我国金银珠宝首饰年销售总额仍保持了增长。2010年和2011年在金融危机阴影逐渐退去及国家调控房地产价格的双重背景下，金银珠宝首饰年销售额分别呈现出46%和42%的增长速度。进入2012年后增幅虽然放缓，但2012年和2013年金银珠宝年销售额仍分别达到2 209亿元和2 959亿元，同比分别增长16%和26%。

（2）国际国内旅游市场迅猛发展

【基本结论】国际国内旅游市场迅猛发展决定了必须大力发展旅游产业。

国际国内旅游市场发展态势特点

国际旅游市场发展态势特点	第一，旅游业已成为发展势头最强劲、规模最大的产业之一。从20世纪60年代开始，旅游业加快了发展速度，成为世界上最重要的经济活动之一。根据联合国世界旅游组织统计数据，从1950—2011年，全球国际旅游人次从0.25亿增加到9.8亿，增长了约38倍。旅游业已成长为世界经济中发展势头最强劲和规模最大的产业之一。 第二，影响世界旅游业发展的负面因素逐步消除。受甲型H1N1流感和2008年金融危机影响，世界旅游业曾受重创，但与其他行业相比，旅游业表现出的复苏势头也较为强劲。2011年世界各地的旅游业呈现出积极增长的态势，国际游客数量较2010年增长4 500万人次，增长了4.81个百分点。从全球范围来看，欧美等发达经济体经济增长率略低；中国、印度、巴西等新兴经济体经济增长率较高。在国际游客数量增长的所有地区中，新兴经济体为此次复苏的主要驱动力。2011年，虽然遭受日本地震影响，但亚太地区旅游业仍然保持强劲增长势头，亚洲接待的国际游客数量达2.16亿人，较2010年的2.04亿人次增长6%。 第三，未来10年，旅游业仍将保持快速增长。联合国世界旅游组织（UNWTO）的最新统计显示，2011年全球国际旅游人数达到9.8亿人次，同比增长4.4%。其中发达经济体增幅（5%）超过了新兴市场（3.8%）。旅游消费最多的是中国、俄罗斯、巴西和印度。该机构预测，到2020年，全球国际旅游消费收入将达到2万亿美元。另据世界旅游协会预测，从2010年到2020年，国际旅游业人数和国际旅游收入将分别以年均4.3%、6.7%的速度增长，高于同期世界财富年均3%的增长率；到2020年，旅游产业收入将增至16万亿美元，相当于全球GDP的10%；所提供工作岗位达3亿个，占全球就业总量的9.2%。这将进一步巩固其作为世界第一大产业的地位。
中国旅游市场发展态势特点	20世纪90年代以来，我国旅游业保持平稳较快发展。国内旅游市场保持较快增长，入境旅游市场实现平稳增长，出境旅游市场继续快速增长。 2011年全年共接待入境游客1.35亿人次，实现国际旅游（外汇）收入484.64亿美元，分别比上年增长1.2%和5.8%；国内旅游人数26.41亿人次，收入19 305.39亿元人民币，分别比上年增长13.2%和23.6%；中国公民出境人数达到7 025.00万人次，比上年增长22.4%；旅游业总收入2.25万亿元人民币，比上年增长20.1%。入境旅游人数13 542.35万人次，比上年增长1.2%。其中：外国人2 711.20万人次，增长3.8%；香港同胞7 935.77万人次，与上年基本持平；澳门同胞2 369.08万人次，增长2.2%；台湾同胞526.30万人次，增长2.4%。入境过夜旅游者人数5 758.07万人次，比上年增长3.4%。其中：外国人2 194.10万人次，增长3.1%；香港同胞2 691.59万人次，增长3.2%；澳门同胞427.94万人次，增长8.9%；台湾同胞444.44万人次，增长1.8%。 2011年全国国内旅游人数26.41亿人次。全国国内旅游收入19 305.39亿元人民币。其中：城镇居民旅游消费14 808.61亿元，农村居民旅游消费4 496.78亿元。全国国内旅游出游人均花费731.00元。其中：城镇居民国内旅游出游人均花费877.80元，农村居民国内旅游出游人均花费471.40元。 未来10年将是我国旅游发展的黄金10年。

近60年来全球国际旅游业出游人次规模

年　份	1950年	1980年	1990年	2000年	2011年
出游人次（亿人次）	0.25	2.77	4.35	6.75	9.40

2011年世界旅游目的地排名

排　名	国家或地区	接待人次（10万人次）	排　名	国家或地区	接待人次（10万人次）
1	法国	76.8	6	英国	28.1
2	美国	59.7	7	土耳其	27.0
3	中国	55.7	8	德国	26.9
4	西班牙	52.7	9	马来西亚	24.6
5	意大利	43.6	10	墨西哥	22.4

2011年世界各国旅游外汇收入排名

排　名	国家或地区	接待人次（10亿美元）	排　名	国家或地区	接待人次（10亿美元）
1	美国	103.5	6	德国	34.7
2	西班牙	52.5	7	英国	30.4
3	法国	46.3	8	澳大利亚	30.1
4	中国	45.8	9	中国香港	23.0
5	意大利	38.8	10	土耳其	20.8

2．缘起二：武汉·中国宝谷建设意义重大

（1）有利于武汉国家中心城市建设

武汉作为中部地区唯一的特大城市，已经具备构建国家中心城市试点的基本条件。一是东湖国家自主创新示范区，推进两型社会建设综合配套改革、促进中部地区崛起等国家发展战略在武汉聚焦和叠加，把武汉的发展和建设推向国家战略层面；二是经济实力不断增强，2010年GDP达到5 500亿元，在15个副省级城市中排第五位，GDP增速达到15%以上，位列全国第三，同时也是我国重要科教基地和工业基地，在中部地区最具有建设国家中心城市的发展基础；三是自主创新能力稳步提升，科技综合实力在全国居于领先水平；四是综合交通枢纽地位更加凸显，为武汉建设国家中心城市提供了良好的区位优势；五是优越的自然条件和生态资源禀赋，为武汉建设国家中心城市提供了良好生态环境保障。本项目建设既面向经济主战场，又为宜居环境的打造和生态文明的建设提供载体，是武汉国家中心城市建设的重要组成部分。

（2）有利于发挥旅游业的产业关联效益

目前，湖北武汉正构建促进中部地区崛起重要战略支点，加快推进科学发展、跨越式发展，呈现出良好发展态势。特别是在世界金融危机导致国际国内经济格局深刻调整的背景下，湖北已成为扩大内需的前沿，迎来前所未有的发展机遇。选择此时建设大型珠宝文化旅游产业园，可谓正逢其时。湖北巨大的发展潜力、旺盛的消费需求、独特的区位优势，将为该项目的投资发展带来丰厚回报。本项目将新型工业和现代服务业有机结合起来，形成集研发、配套中心、展销（旅游）中心、工艺培训中心等于一体，致力于将产业园打造成世界珠宝业的超级航母。项目投产后，关联效应明显。

（3）有利于和谐城市的建设

从国家层面在全国范围内合理布局中心城市，通过对中心城市在政策、项目、资金等多方面的引导、扶持和监管，将极大地促进中心城市在产业转型、结构升级、基础设施改善、生活方式转变等多方面的发展，从而加快城市的“两型”发展，进而提升区域整体“两型”社会建设水平。本项目所提出的珠宝教学、科研、设计、产业四位一体的发展模式完全符合武汉市建设“两型”社会的发展思路。

项目区为武汉市城中村改造、高校周边环境整治重点区。实施本项目，有助于解决上述两个问题。位于规划区域内的城中村由于历史和管理体制等原因，规划管理无序，布局结构混乱，基础设施缺失，环境卫生、消防安全、治安计生等问题突出，道路泥泞、污水横流、垃圾成堆、供水电力通讯杂乱等现象严重，极大地降低了居民的生活质量，影响了城市的整体面貌。城中村改造是改善人居环境、提升城市品味、推进城市化进程的必由之路，是建设文明、生态、和谐、宜居城市的重要保障，是以人为本、科学发展、构建和谐武汉的强力举措。同时，高校周边环境不仅对学校的教育、教学影响明显，而且还影响学校的形象和学生的身心健康。鲁磨路至中国地质大学北区路段，多年来脏、乱、差、堵的现象愈演愈烈，已经影响了师生健康和安全，师生和学生家长反响强烈。通过本项目的建设及对周边环境的综合整治，为进一步推动和加快解决周边不良环境问题，为师生特别是北区7 000多名大学师生创造一种安逸、优美、和谐的环境必将发挥重要意义。

（4）有利于提升武汉市城市品牌和提高东湖“5A”景区影响力

武汉东湖国家珠宝文化旅游产业园的建设必将成为东湖“5A”风景区的亮点项目。该项目的建设将填补我国中部地区珠宝产业空白，将成为“中部崛起”的标志性工程，力争成为中国规模最大、最有特色的珠宝文化旅游产业项目，对提升武汉市城市品牌和提高东湖5A景区影响作用巨大。

（5）武汉市倍增计划的新源泉

2020年珠宝文化旅游综合收入800亿元。

2030年珠宝文化旅游综合收入3 000亿元。

3．缘起三：武汉·中国宝谷建设思路可行

（1）建设基础良好

建设基础良好表现在三个方面。一是中国地质大学（武汉）珠宝文化旅游品牌价值已初步形成。二是鲁磨路的珠宝文化旅游产业已有一定基础。鲁磨路珠宝产业情况主要如下：零售设施（中国地质大学（武汉）珠宝科研大楼等）、软件条件〔珠宝产业发展与管理相关机构——湖北省珠宝质量监督检验站、武汉市珠宝检测站、武汉珠宝生产力促进中心等；行业服务——1995年成立中国地质大学（武汉）珠宝检测中心等；人力资源培训与开发，仪器研制生产，可以整合学科——艺术设计、旅游和市场营销〕。三是区位优势，体现在：地处高新技术开发区与生态旅游示范区的结合部位的武汉自主创新区；大型商业配套等核心竞争力设施齐全；靠近三环和火车武汉站、武昌站，至机场快速干道通畅，陆空交通便捷，高铁全国辐射圈，交通十分便利，区位优势明显；“四小时经济圈”的中心，在国家交通版图中的中心地位进一步巩固，便于珠宝、旅游的空间活动。

（2）符合区域和产业发展政策

珠宝产业和文化旅游产业发展均是国家政策支持产业，尤其是将三者结合起来发展更是特色鲜明、主题明确的产业集群体。美国《未来学家》杂志曾载文指出，2015年前后，世界发达国家将进入“休闲时代”，休闲将成为人类社会的重要组成部分，休闲、娱乐活动和旅游业将成为下一个经济大潮，并席卷世界各地。届时，休闲服务将主导世界劳务市场，国民生产总值中会有一半以上的份额由休闲产业创造出来，人们将把生命中一半的时间和一半的金钱用于休闲的活动，休闲时代即将来临。休闲经济和休闲产业成为拉动消费、解决就业、利于社会安定的重要途径。由国家旅游局起草的《国民休闲纲要》中指出，旅游消费作为服务业的重要组成部分，也是新兴的消费热点，发展空间较大。2011年，国内旅游消费在我国社会消费品零售总额中占比约为10.65%，旅游消费已经成为消费的重要构成部分。在当前经济形势下，外需不振，投资拉动乏力，有效扩大内需、创造新的消费增长点具有重要的现实意义。在汽车、家电、房地产等消费潜力有限的情况下，旅游等服务业的重复消费需求将在启动内需、调整国民经济结构方面发挥出战略性作用。珠宝作为重要的旅游产品将在未来旅游业发展中发挥重要作用，尤其在高档旅游活动中作用更为突出。中部地区珠宝产业空白，竞争发展相对滞后，是武汉市发展珠宝产业的机遇。中国的珠宝行业总体快速发展，但发展很不平衡。目前，我国的珠宝产业市场基本上呈现出深圳、北京和云南“三足鼎立”的局面。高档珠宝需求看涨，国际珠宝商抢滩二线城市。

（3）综合效益明显

社会效益：打造中国珠宝第二极，构筑“中国宝谷”，形成特色鲜明的旅游目的地，提升武汉城市品位；解决10万人的就业问题；成为城中村改造的样板、校园周边环境整治的楷模；创造政、学、商联盟新模式。

生态效益：“5A”景区重要组成部分，最宜居之地。

经济效益：珠宝、旅游带动经济综合效益（2020年珠宝文化旅游综合收入800亿元、2030年珠宝文化旅游综合收入3 000亿元）。

（4）符合城市和风景区发展规划

项目建设基本符合《武汉市城市总体规划》和《武汉市东湖生态旅游风景区旅游总体规划》要求。少量用地需做适当调整，但均在正常允许框架之下。

（5）项目亮点明显、核心竞争力突出

——中国地质大学（武汉）珠宝文化旅游品牌价值是无法替代和超越的；

——区位优势是无法比拟和竞争的；

——两大国家产业基地的有效对接是无法模仿和复制的；

——纯珠宝业态在“5A”景区的高度聚集是无法跟进和效仿的；

——政府高度重视+顶级珠宝文化旅游学科的底蕴和升华+强大市场的助推是“中国宝谷”成功的保障！

良机错失不会再来！

三、七彩空间——空间格局

1. 总体格局

依托鲁磨路片区及中国地质大学（武汉）已有基础，沿鲁磨路向北延伸，将东湖风景区磨山景区南部、南望山北部及毗邻地区发展成珠宝文化旅游产业基地。

“依托一个核，超越一条街，打造三个区，带动多个点”，空间上形成“一核一街三区多支点”格局，即一核（教育与研发极核）、一街（鲁磨路珠宝街）、三区（珠宝创意设计与科教游览区、珠宝文化鉴赏与休闲度假区、珠宝展示交易与旅游购物区）、多支点（湖北省及全国条件成熟地区）。

为推动武汉市及湖北省珠宝文化旅游产业融合发展，武汉市政府依托中国地质大学（武汉）及东湖“5A”风景区建设“武汉东湖国家珠宝文化旅游产业基地（武汉·中国宝谷）”，打造中国珠宝第二极和千亿产业集群。

“武汉·中国宝谷”空间格局为“一核（教育与研发极核）、一街（鲁磨路珠宝街）、三区（珠宝创意设计与科教游览区、珠宝文化鉴赏与休闲度假区、珠宝展示交易与旅游购物区）”。

武汉·中国宝谷鸟瞰图

武汉·中国宝谷　　平面图（二）

Wuhan·Jewellery Valley of China

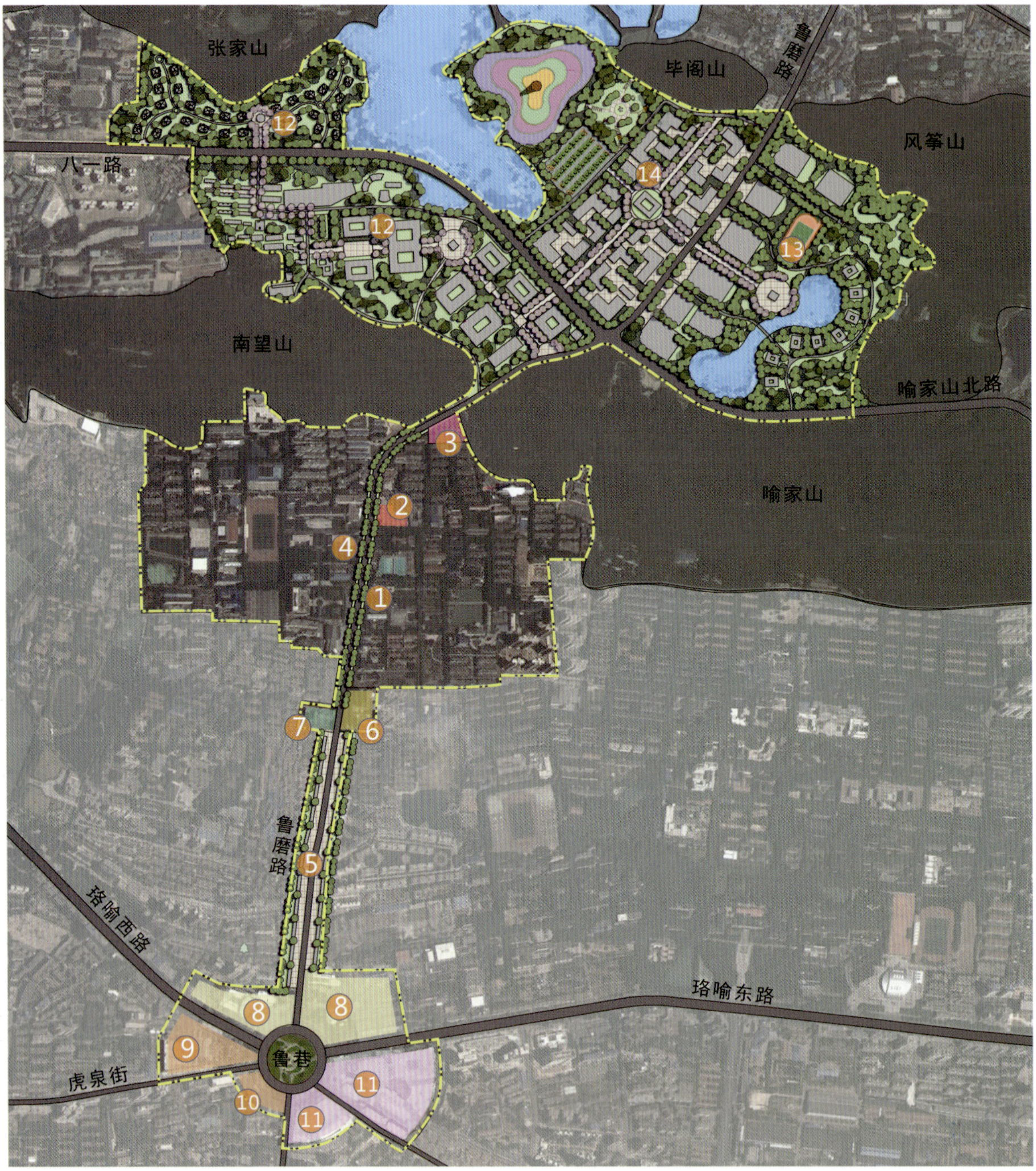

1. 中国地质大学（武汉）
2. 中国地质大学（武汉）珠宝科技大楼（地大天街）
3. “武汉·中国宝谷”创业大厦
4. 鲁磨路地大段
5. 鲁磨路珠宝街
6. 中建三局珠宝大楼
7. 余福泰国际珠宝广场
8. 宝谷国际
9. 鲁巷宝谷国际俱乐部
10. 鲁巷宝谷天下名居
11. 鲁巷宝谷世界步行街
12. 珠宝创意设计与科教游览区
13. 珠宝文化鉴赏与休闲度假区
14. 珠宝展示交易与旅游购物区

主要项目	功能及主要建设内容
中国地质大学（武汉）珠宝、旅游、文化、艺术学科教育	按教育部规定进行教学科研服务工作
中国珠宝教育中心（国家珠宝人才培养基地）	依托中国地质大学（武汉）办国家珠宝人才培养基地。包括中国宝玉石行业协会的GAC高级珠宝鉴定评估师课程教育、珠宝人才学历教育与职业培训、珠宝科普教育、珠宝产学研基地等
中国地质大学（武汉）珠宝教育国际交流中心	广泛开展国家交流活动，如与美国珠宝学院JIA（Jewellery Institute of America）、美国宝石学院（纽约）等的交流
中国地质大学（武汉）珠宝研发中心	建设1个研发中心，开展珠宝设计、加工工艺、材料研究，并与国内外珠宝行业协会和主流大企业合作，开展自主创新设计，每年推出能引导首饰消费潮流的系列款式，使每年的流行款式发布会成为行业的风向标。以其设计、加工工艺、材料知识产权向产业转化的能力成就武汉作为全国珠宝首饰设计中心的地位。可借鉴与伯明翰城市大学的合作
中国地质大学逸夫博物馆	“4A”景区

2．一核

一核为“教育与研发极核”，即中国地质大学（武汉）：中国地质大学（武汉）珠宝文化旅游学科是整个珠宝文化旅游产业基地的核心支持力量，是珠宝文化旅游产业基地核心竞争力之所在。学校本部主要是发挥核心研发、孵化作用。

中国地质大学（武汉）

地大天街

地大天街

武汉 · 中国宝谷创业大厦

3．一街

一街为“鲁磨路珠宝街”：南起鲁巷、北到中国地质大学（武汉）南界。定位为珠宝零售购物区，主要面向中低端市场。这一地段面临如下问题：现有的街区因是边发展边规划形成的街区，目前面临较严重的交通和停车问题。这与奢侈品购物环境的需求不相匹配。

“鲁磨路珠宝街”主要项目、功能和内容

主要项目	功能及主要建设内容
余福泰国际珠宝广场	珠宝零售批发、创意研发等
中建三局珠宝楼	珠宝零售批发、创意研发等
宝谷国际	珠宝零售批发、创意研发等
鲁磨路沿街中小珠宝店集群	珠宝零售批发，已有数十家店，不断扩大规模
其他珠宝销售综合体	潜在商家（鲁巷商圈的商城可迅速整体或部分转向经营珠宝）

鲁磨路珠宝街鸟瞰图
南起鲁巷，北到中国地质大学（武汉）南界，全长1 000米

改造后的鲁磨路珠宝街

鲁巷广场鸟瞰图

也许未来某一天，鲁巷广场周围全是卖珠宝的！

鲁巷广场

不久的将来，在鲁巷广场东北角拔地而起的或许是宝谷国际大厦！！！

宝谷国际

4．三区

“武汉·中国宝谷”核心区鸟瞰图

武汉·中国宝谷

Wuhan · Jewellery Valley of China

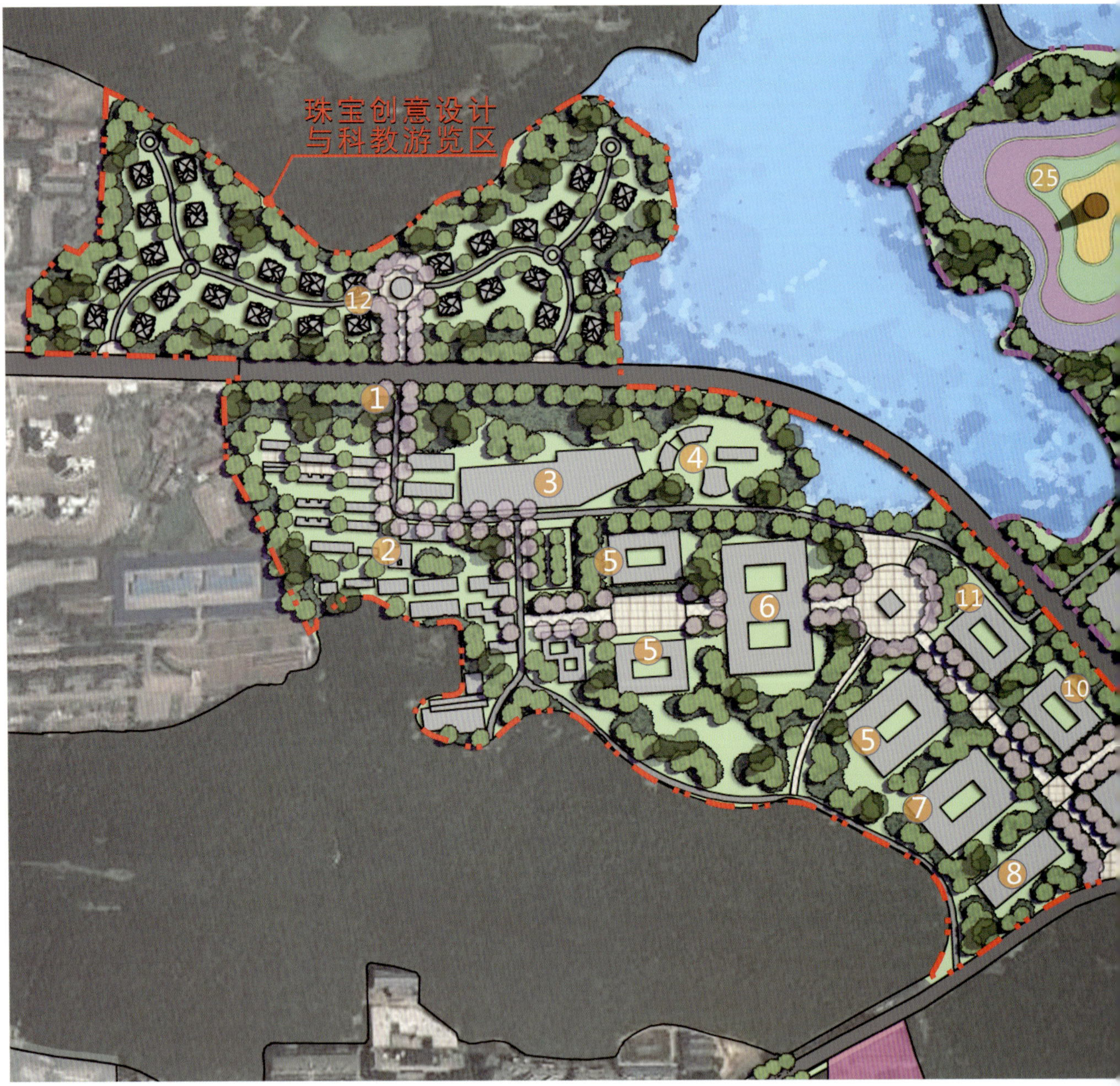

1 中国地质大学（武汉）北大门
2 学生综合生活区
3 北区综合楼
4 艺术传媒大楼
5 教学楼
6 珠宝学院
7 珠宝玉石首饰管理中心
8 中国珠宝首饰设计中心
9 国家珠宝玉石质量监督检测中心
10 国家珠宝实验室
11 中国珠宝业武汉产学研基地
12 中国珠宝文化创意中心（中国珠宝艺术大师创意
13 鲁磨路北段
14 国家珠宝博物馆
15 东湖亚太珠宝论坛（中国珠宝学术交流中心）

平面图（三）

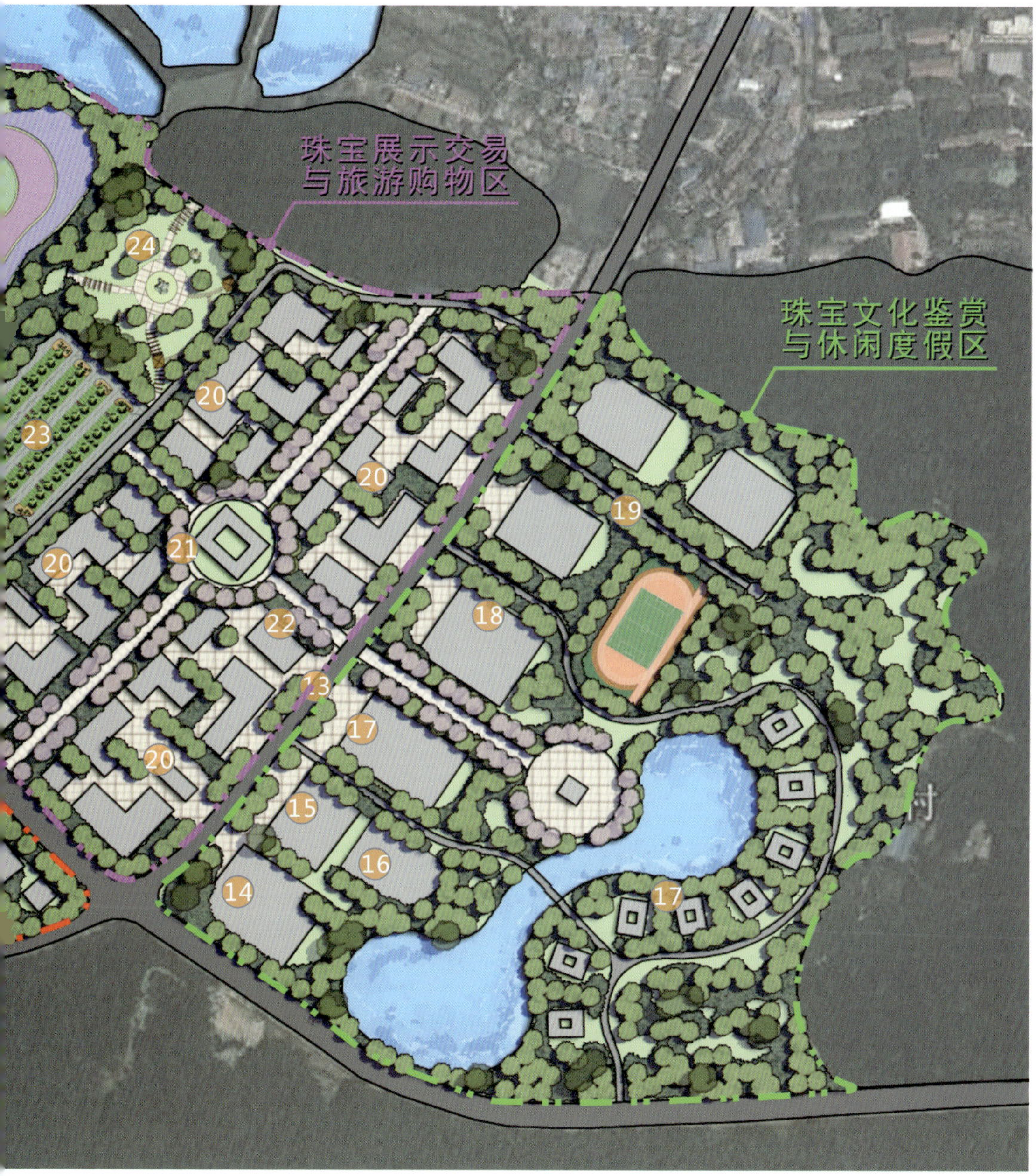

16 宝谷大剧院

17 国际珠宝商中国（武汉）俱乐部（武汉东湖珠宝总部经济区）

18 武汉东湖宝苑国际宾馆

19 宝谷文化旅游教育培训基地

20 武汉东湖国际珠宝展销中心

21 武汉东湖珠宝拍卖行

22 综合服务区

23 生态停车场

24 武汉东湖奇石园

25 宝谷婚纱摄影基地

（1）珠宝创意设计与科教游览区

地处鲁磨路和八一路延长线所夹西南片区域，以珠宝创意设计与科教旅游为重点。

“珠宝创意设计与科教游览区”主要项目、功能和内容

主要项目	功能及主要建设内容
中国珠宝文化创意中心	以珠宝创意设计和品牌服务为主，以“原创设计”理念为重点，打造珠宝品牌设计之都和国际一流珠宝产业中心、高端半定制式销售区。由数家珠宝公司的创意或设计中心集中汇聚。各创意设计中心以独立别墅式楼层设计，建筑面积500平方米以上，内设会所活动专厅、贵宾接待区等。会所内除了销售外，来店的消费者还可以鉴赏会所内陈列的贵重珠宝
中国珠宝首饰设计中心	开展自主创新设计，并与国内外主流大企业合作，每年推出能引导首饰消费潮流的系列款式，使每年的流行款式发布会成为行业的风向标，使武汉成为全国珠宝首饰设计的中心
设计师工作室	设立个人创业创意空间，规划500个工作间。吸引珠宝设计师入驻，开设个人工作室(studio)，服务于中低端半定制式或全定制式设计的消费者，兼具个人作品展示和零售
珠宝玉石首饰管理中心	国家珠宝玉石首饰管理中心入驻本基地以加强管理
国家珠宝玉石质量监督检测中心	国家珠宝玉石质量监督检测中心入驻本基地以加强监督和检测。 布局珠宝检测大厦。允许社会检测机构入驻，认定并担保珠宝质量，维护本区珠宝交易秩序，是本区作为高端珠宝交易中心的形象和声誉的保障机制。承接企业和社会委托检测鉴定业务。设立国家珠宝玉石质量监督检测中心武汉实验室
国家珠宝实验室	由中国地质大学珠宝学院、相关行业主管部门、企业联合建设。以中国地质大学珠宝实验室为基础，引进国际顶级实验室，合作建立1个国家级实验室。开展珠宝实验、研究、检测和鉴定。可借鉴美国珠宝学院实验室、中国国家珠宝实验室
中国珠宝业武汉产学研基地	对上述机构进行集成建设，功能为面向国内外的产学研一体化基地
珠宝学院	建设国际接轨全新模式

珠宝创意设计与
科教游览区
中国珠宝文化创意中心
中国珠宝首饰设计中心
设计师工作室
珠宝玉石首饰管理中心
国家珠宝玉石质量监督检测中心
国家珠宝实验室
中国珠宝业武汉产学研基地
珠宝学院

中国珠宝文化创意中心

中国珠宝首饰设计中心

中国宝谷 | 设计师工作室

珠宝玉石首饰管理中心

国家珠宝玉石质量监督检测中心

国家珠宝实验室

中国珠宝业武汉产学研基地

珠宝学院

（2）珠宝文化鉴赏与休闲度假区

地处鲁磨路和八一路延长线所夹东北片区域，以珠宝文化鉴赏与休闲度假为重点。

“珠宝文化鉴赏与休闲度假区”主要项目、功能和内容

主要项目	功能及主要建设内容
国家珠宝博物馆	结合东湖风景区的特点，将珠宝产业蕴含的珠宝文化转化为文化旅游产品和城市休闲产品。建设以展示珠宝文化为主题的专题博物馆，设计容量10 000人／日。以实物形式，完整、系统地展示和介绍珠宝玉石文化，反映珠宝玉石科学及其技术发展的最新动向和趋势。可参照韩国首尔的世界珠宝博物馆等项目
国际珠宝商中国(武汉)俱乐部 （武汉东湖珠宝总部经济区）	吸引国际高端珠宝品牌到此设立分支机构，为国内珠宝高消费人群提供专门设计定制等更专业、更个性化的服务。传播珠宝文化，为顾客提供最专业的信息，展示普通市场难得一见的高级珠宝。提供更加安静的环境，让买卖双方有足够的空间、良好的情绪互相学习、探讨，通过讲座、鉴赏、实物比较等交流方式，吸引、聚集和邀请一批对珠宝玉石感兴趣的高端消费群体。提供商务洽谈、产品公众营销的空间，采取与传统商店销售模式不同的会所/俱乐部销售模式。以该模式特有的“聚货、交朋友”的方式传播珠宝文化，孕育高端珠宝市场，展示、销售高端珠宝
东湖亚太珠宝论坛 （中国珠宝学术交流中心）	聚集行业领袖，论道、引领珠宝业发展。确立本基地在中国及亚太区域的领先地位，传递领袖精神和气质、品质。内引外联，促进国际合作。由中国地质大学牵头，联合亚洲珠宝领袖企业、产业集聚区所在地政府和专家学者，发起论坛，并将本基地作为论坛总部的永久所在地。建立峰会、年会制度。提供一个政府、企业及专家学者等共商亚太及全球珠宝和时尚文化产业发展相关问题的高层对话平台
武汉东湖宝苑国际宾馆	五星级会议、商务、休闲度假接待酒店，400个标准床位
宝谷大剧院	高雅艺术剧院
中国地质大学（武汉）旅游学院 （宝谷文化旅游教育培训基地）	国际接轨全新模式建设

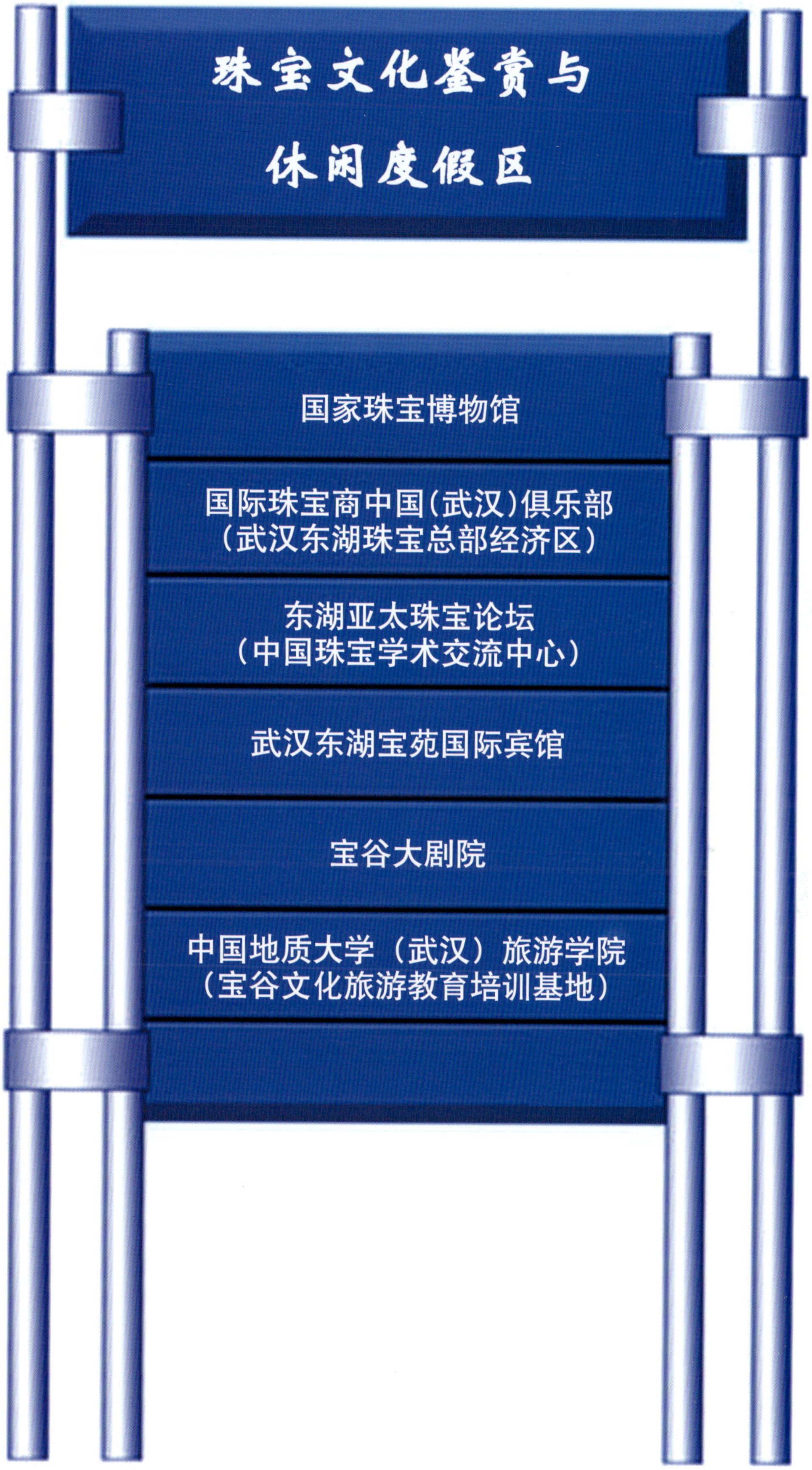
珠宝文化鉴赏与
休闲度假区
国家珠宝博物馆
国际珠宝商中国(武汉)俱乐部
(武汉东湖珠宝总部经济区)
东湖亚太珠宝论坛
(中国珠宝学术交流中心)
武汉东湖宝苑国际宾馆
宝谷大剧院
中国地质大学（武汉）旅游学院
(宝谷文化旅游教育培训基地)

国家珠宝博物馆

国际珠宝商中国（武汉）俱乐部

国际珠宝商中国（武汉）俱乐部

东湖亚太珠宝论坛

武汉东湖宝苑国际宾馆

宝谷大剧院

中国地质大学（武汉）旅游学院

（3）珠宝展示交易与旅游购物区

地处：鲁磨路和八一路延长线所夹西北片区域，以珠宝展示交易与旅游购物为重点。

“珠宝展示交易与旅游购物区”主要项目、功能和内容

主要项目	功能及主要建设内容
武汉东湖国际珠宝展销中心	以会展为主。中高端珠宝零售集聚平台，建立武汉东湖国际珠宝展销中心大楼1座。买家和卖家聚在一起，双方对市场反馈交换看法、互传信息，预测市场的新走向。活跃珠宝销售市场，繁荣珠宝交易市场，推动武汉市及全国珠宝市场发展，提高产业经济效益。培育专门珠宝组展商，建立国际国内珠宝展的专业场地（设计室内展馆面积3万平方米，室外展出面积1万平方米），定期开展综合性或专题型珠宝展销会。吸引中外品牌，集中推出珠宝首饰的新型款式和质地上乘的展品，通过广告宣传吸引顾客参观选购。可参照瑞士巴赛尔钟表与珠宝展
武汉东湖珠宝文化旅游购物街	以销售为主。结合东湖风景区要求和特色，建立风格统一，高四层，单体建筑面积4万平方米的珠宝商场10栋，总面积40万平方米。统一规划，分期建设。引进国际知名珠宝零售旗舰店，面向国际国内知名品牌招商，兼具珠宝成品、宝矿石的展示、洽谈与交易功能
武汉东湖珠宝拍卖行	以拍卖为主。建立全国最大珠宝拍卖行，提供高端珠宝艺术品的收藏、交易服务，形成华中艺术品交易市场及拍卖中心的地位。引入贵重珠宝拍卖会所、纽约苏富比拍卖公司（Sotheby's）、佳士得等入驻，促成相关方合作成立珠宝与艺术品拍卖公司
武汉东湖奇石园	奇石展览、交易、论坛等。除常规意义奇石外，本园突出地质学意义上的奇石
宝谷婚纱摄影基地	婚纱摄影综合服务

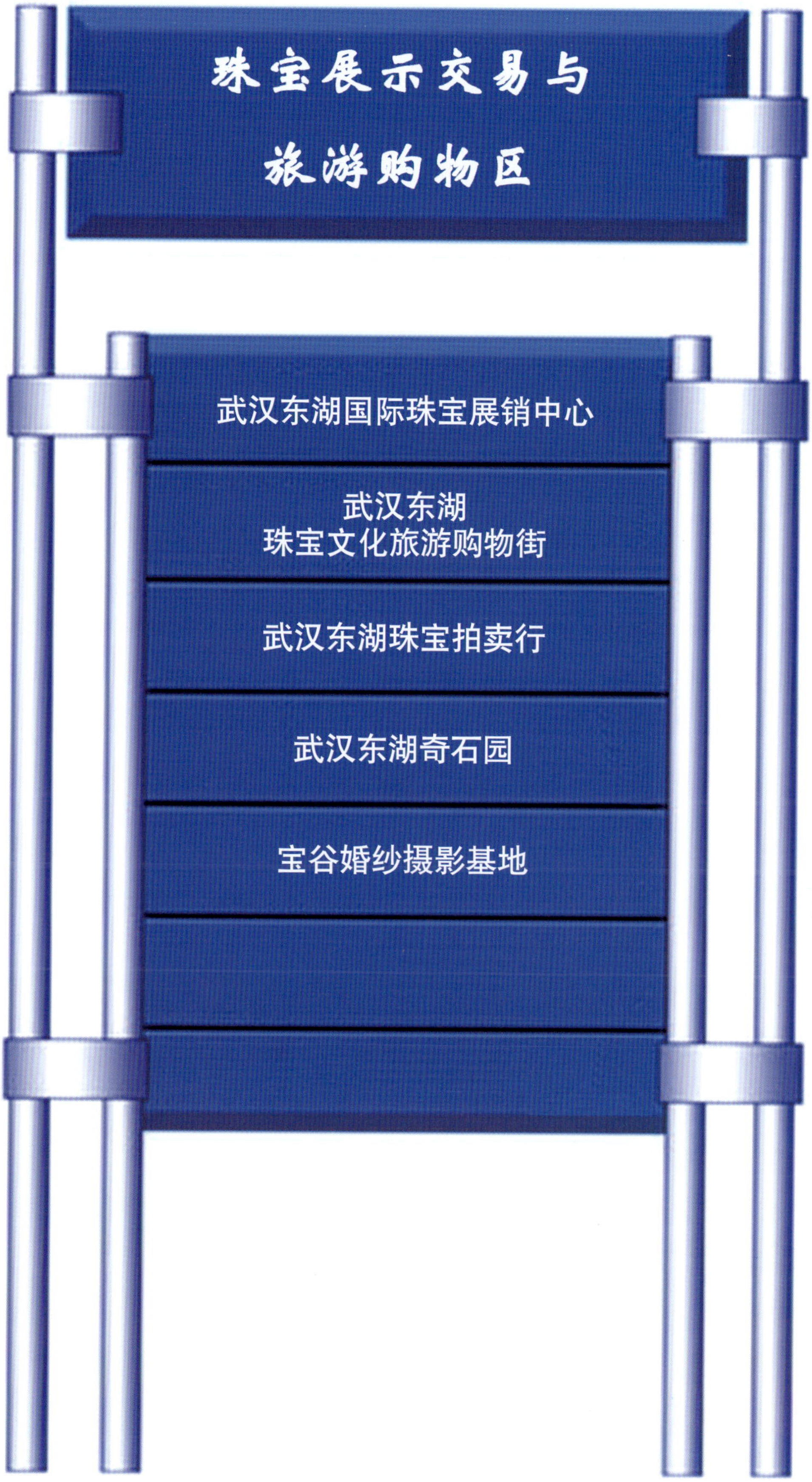
珠宝展示交易与
旅游购物区
武汉东湖国际珠宝展销中心
武汉东湖
珠宝文化旅游购物街
武汉东湖珠宝拍卖行
武汉东湖奇石园
宝谷婚纱摄影基地

武汉东湖国际珠宝展销中心（外街）

武汉东湖国际珠宝展销中心（内街）

武汉东湖
WUHAN DONGHU
国际珠宝展销中心
International Jewellery Exhibition Center

中国宝谷
武汉东湖珠宝拍卖行

武汉东湖珠宝拍卖行

武汉东湖奇石园

宝谷婚纱摄影基地

综合服务区

生态停车场

5．多点

省领导指出：“中国宝谷”建设不仅仅要考虑武汉板块，还要带动湖北省其他有潜力区域，形成“一核多支点”格局。

“多支点”——其他有条件的区域

支点1——武汉东湖高新区未来科技城珠宝产业园（以珠宝原材料交易、珠宝生产加工、珠宝期货交易为主）
支点2——汉口珠宝文化旅游区（以珠宝交易为主）
支点3——黄陂周大福珠宝产业园（以珠宝生产加工为主）
支点4——宜昌三峡国际珠宝博艺园（以珠宝生产加工、贸易为主）
支点5——黄冈珠宝文化旅游产业园（以珠宝生产加工、珠宝文化旅游为主）
支点6——十堰绿松石产业园（以绿松石加工、贸易为主）
支点7——恩施民族珠宝艺术文化旅游产业园（以特色珠宝生产加工、收藏等为主）
支点8——其他潜力区

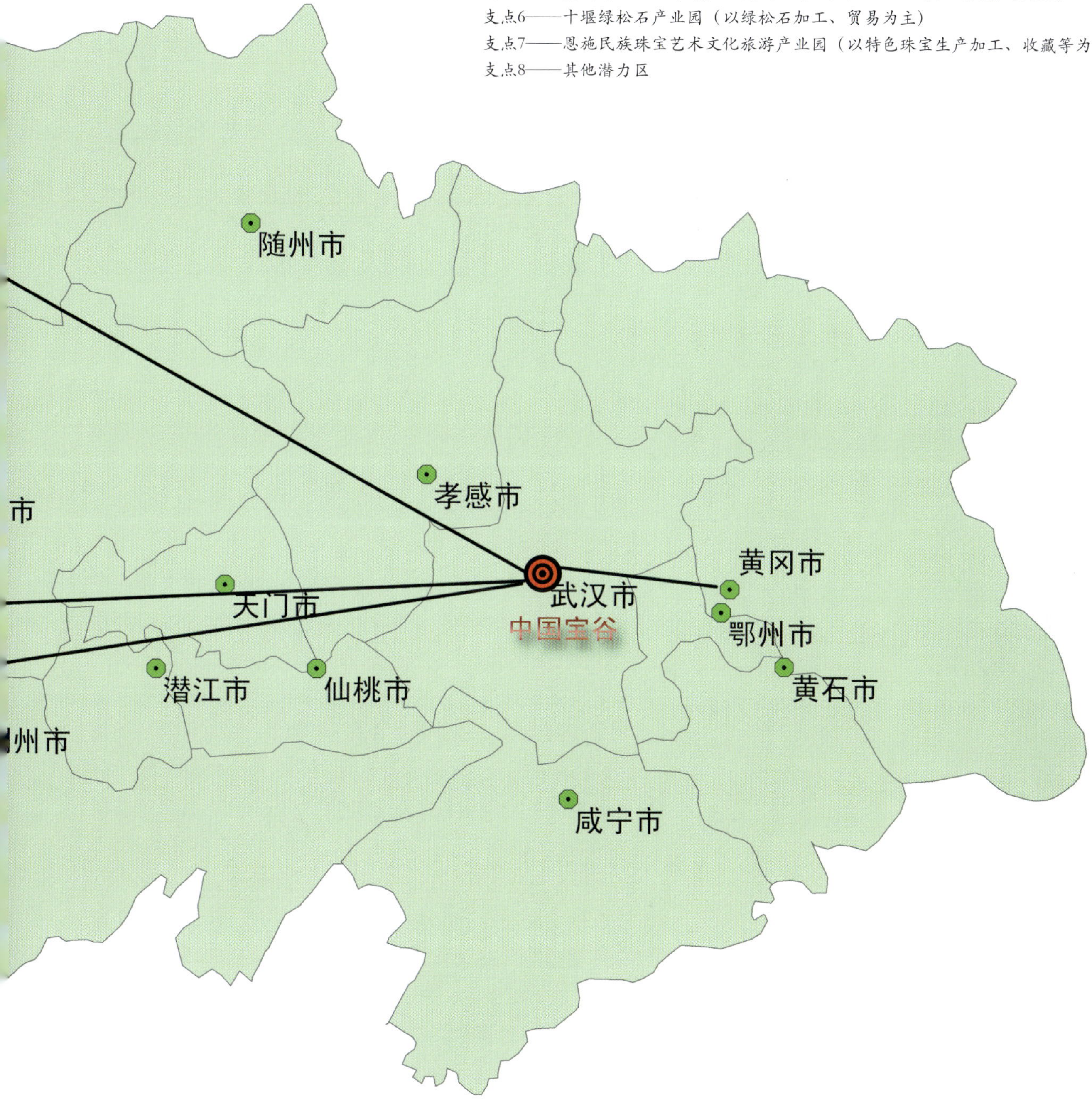

四、绚丽产业——集群发展

1．他山之石：案例借鉴

纽约曼哈顿第47大街

借鉴内容：专业交易商俱乐部。

纽约曼哈顿第47大街是举世闻名的钻石珠宝一条街，被誉为美国钻石珠宝业的“中枢”。其核心是纽约钻石商俱乐部，隐藏在街上一栋很不起眼的大楼里。

俱乐部成立于1931年，至今已有83年历史。它目前是全美最重要的钻石珠宝交易场所之一，也为全球珠宝业界提供各种咨询服务。

钻石商俱乐部所在地戒备森严。交易大厅被一道道厚重的玻璃门隔开，内部陈设与图书馆阅览室很像，交易商分散坐在大厅里窃窃私语，偶尔拿出钻石，在灯下仔细端详。他们看似闲谈，不经意间就完成了数百万美元的大宗生意。

钻石商俱乐部执行主任霍克巴姆博士(Martin Hochbaum)说，钻石是纽约州的第一大出口商品，钻石珠宝业对纽约乃至全美经济的影响力日益突显，钻石交易所的作用也越来越大。他认为，当前美欧金融形势不稳定，反而给钻石珠宝行业提供了有利的发展空间，钻石珠宝在经济不景气的时候被证明是保值增值的重要投资品。霍克巴姆表示，俱乐部的规模正在扩张，也开始吸引来自中国的交易商。

很多钻石珠宝在美国加工后被投放到了中国内地和香港市场，很受当地消费者的欢迎。

英国伯明翰珠宝街

借鉴内容：自发演化的产学研聚集区。

英国的两大珠宝供应地，一个是伦敦的Hatton花园，一个便是伯明翰的珠宝街（Jewellery Quarter）。英国40%的珠宝来自于后者。

200年来，伯明翰一直被认为是英国主要的珠宝生产中心，而珠宝街则是生产制造珠宝的主要地方。在这里，可以参观伯明翰悠久的珠宝贸易史和珠宝制造展示。自19世纪中期开始发展，在20世纪早期的顶峰时期，雇佣员工曾高达2万人。

伯明翰城市大学珠宝设计系在Victoria大街校区，坐落在伯明翰珠宝首饰中心，英国大部分的珠宝首饰皆由这里设计制造。伯明翰珠宝学院最初由伯明翰珠宝和银器协会建立。1888年，位于Ellen大街的学校成为艺术学院的分部。两年后，学院总部在Victoria大街建成，并沿用至今。

深圳罗湖水贝

水贝珠宝产业带的改造升级，将打造成深圳乃至中国的珠宝企业总部基地群，加快这一地区的珠宝产业发展。其功能主要是营销中心、总部基地、研发中心。

水贝−布心珠宝产业集群产业定位：位于亚洲珠宝产业链的中高端，深圳中高档珠宝的交易中心和设计中心，深圳珠宝企业总部聚集地，深圳和广东其他城市黄金珠宝产品生产中心，重点培育拥有自主知识产权的龙头品牌企业，形成两个以上类似香港周大福的品牌公司，逐步形成罗湖区千亿产业集群。对于自主品牌黄金珠宝五年规划为出口5亿美元，10年远景规划为出口10亿美元，20年远景规划为出口50亿美元。

产业政策规划：罗湖区政府鼓励企业联合搭建黄金珠宝公共技术检测服务和研发平台，建议水贝和布心工业区其他珠宝城形成统一的权威鉴定中心，罗湖区政府给予补贴，联网建立公共平台，各家减少重复投资，设置鉴定终端即可。采用企业管理机制，政府给予经费补贴。设立每年2亿元珠宝产业专项引导基金，鼓励现有企业兼并和重组，鼓励打造自主高端珠宝品牌，对于具备一定基础的自主品牌企业，鼓励使用罗湖区公共技术平台。对于产业集群的重点企业给予经营、设计和技能人才入户优先的政策，解决2 000名户口指标。对经营深圳自主珠宝品牌的购物中心和知名百货商场，每年给予一定奖励。例如，每个柜台每年20万促销经费奖励，直接给商场，缩短自主黄金珠宝产品品牌的成熟周期。高起点谋划深圳黄金珠宝品牌，特别是自主品牌，积极与全球黄金珠宝商和零售协会进行合作，政府鼓励企业加大营销力度。

水贝－布心珠宝产业集群空间布局：以步行路快速干道两侧作为中档珠宝批发交易中心和营销总部，以水贝一路、二路和太白路等慢车道周边黄金珠宝综合体作为高档珠宝产品批发兼营零售交易中心和总部聚集区，打造黄金珠宝体验式消费中心。不同项目之间形成互补，形成与上海珠宝产业互相呼应、在亚洲具有影响的产业集群。

项目功能定位：水贝国际珠宝交易广场由七大板块区域构成。珠宝总部经济区、精细产品加工区、珠宝购物主题街区、产品展示交易区、国家珠宝展示中心、人才培训中心、酒店商务区，建成后将有2万多从业人员、年交易额逾100亿元。除了七大板块区域外，还有银行、物流、宝石实验室、海关、邮局、餐厅、医疗等其他服务配套设施。水贝珠宝交易广场将建成一个涵盖钻石交易、加工、零售、设计、展览、培训、鉴定、科研及金融服务的全新钻石交易中心，全面改造落实珠宝总部经济区。

云南瑞丽

自20世纪90年代起，云南省德宏傣族景颇族自治州瑞丽市大力发展珠宝玉石产业，积极打造“东方珠宝城”，共发展了5个专业珠宝玉石交易市场，形成了原料、加工、批发、零售一条龙的产业链，吸引了国内及东南亚各国的商人。目前，在瑞丽从事珠宝经营和加工的商家超过6 000户，从业人员4万余人，年交易额达到20多亿元，珠宝玉石产业已经成为当地的支柱产业。

2．宝谷之路：集群发展

1988年第一家专业黄金卖场武汉新世界珠宝金号开业；2012年，武汉奢侈品销售增幅达50%，珠宝销售年均增幅38%，远超全国平均水平。新世界珠宝、武汉广场、江汉路、中南路、街道口等地珠宝业以高端实体店为主，鲁磨路珠宝业为中低端交易市场。

> “武汉·中国宝谷”建设实质是“武汉珠宝产业革命”。鲁磨路经过20多年发展，已有多家珠宝规模店及独立店，珠宝产业群逐步建立，但规模和交易平台处于中低端水平。一个原本该高位发展的地方为什么反而处于低端？关键在于思路理念不明确。所以要超越一条街，打造一个文化底蕴深厚的，由高新技术支撑的文化旅游产业基地。

“武汉·中国宝谷”建设的实质是一个珠宝文化旅游融合的“产业革命”。

“武汉·中国宝谷”建设要培育和发展从珠宝原石加工、创意设计、科教、鉴定、交易、金融、保险到文化旅游的全价值产业链，按产业链和产业集群思维建设珠宝创意与科教浏览区、珠宝文化鉴赏与休闲度假区、珠宝展示交易与旅游购物区等。

“武汉·中国宝谷”建设将覆盖珠宝产业的各个层面，从工业设计、新材料研发、先进装备研发、珠宝销售到特色旅游等，形成完整的产业链。

“武汉·中国宝谷”建设是武汉市产业结构调整、实现倍增计划的重大机遇

机遇	现状	举措
产业升级与区域转移机遇	传统地区交易额虽大，但只是加工、贸易，高端设计缺乏，高端发展遭遇瓶颈	武汉要依托中国地质大学（武汉），重创意设计和文化底蕴，走高端路线
电商、3D打印机遇	传统商业模式靠存货、铺货，如今是“订单+实体店体验”电商模式	武汉要发展电商、3D珠宝打印，促进产业升级
原材料突破机遇	国内珠宝原材料资源几乎耗尽，国外的珠宝原材料因关税问题进不来	依托中国地质大学（武汉）开展鉴定、价值评估、行业标准制定等业务，由政府推动，向国家要政策
建立诚信体系机遇	珠宝价值高，产品质量参差不齐，珠宝消费市场的诚信体系亟须建立	借助省（市）力量，联合国内外诚信机构建立珠宝诚信体系

吸引国内外珠宝产业资源向武汉聚集

“武汉·中国宝谷”全价值产业链拓展

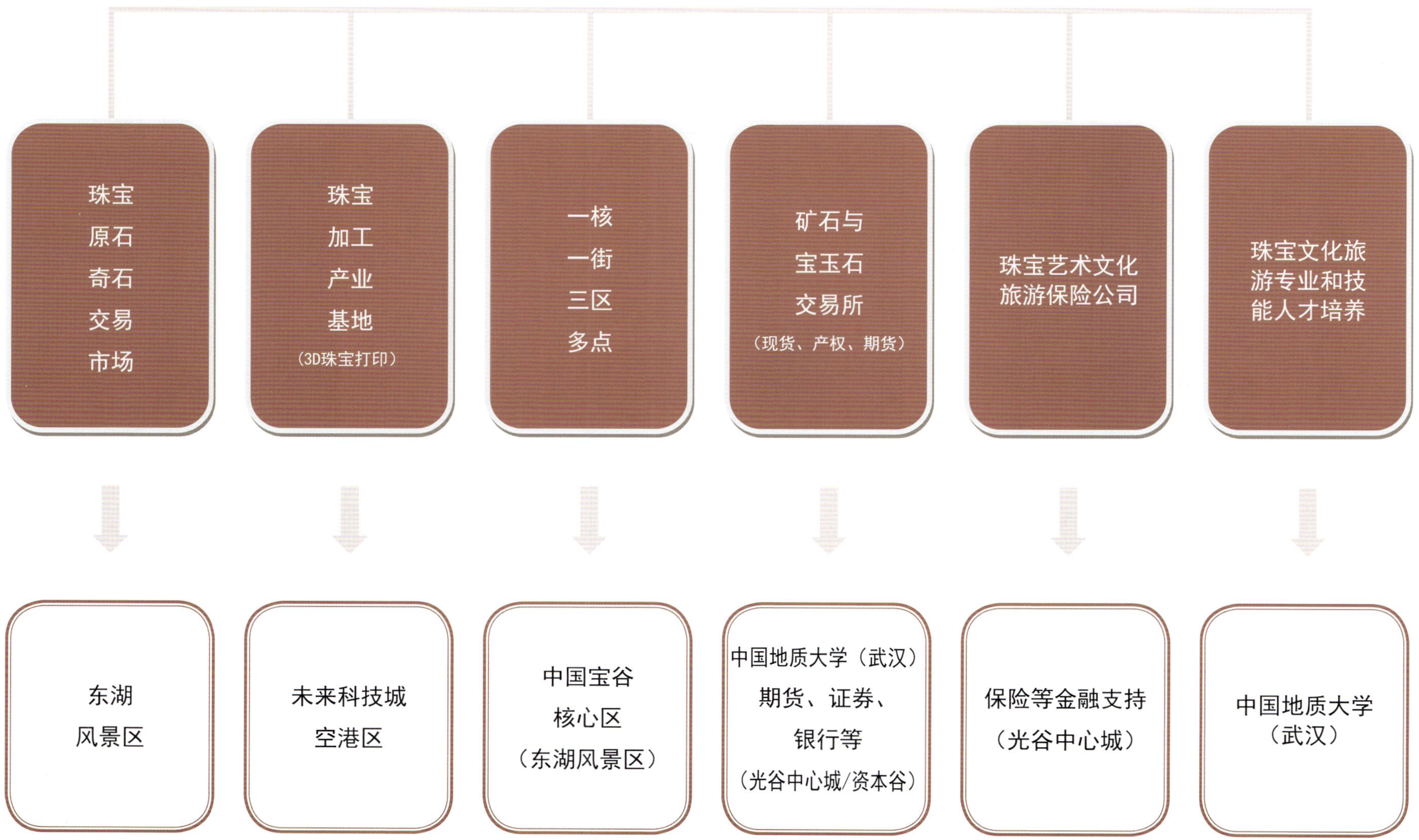

圆梦篇

五、吹响集结号——政府引导

六、全员总动员——市场主导

七、任重而道远——重点突破

五、吹响集结号——政府引导

2014年7月25日，这将是个载入武汉史册的日子。武汉市市长唐良智在中国地质大学（武汉）宣布“武汉·中国宝谷”项目正式起航。

2014年7月25日，武汉市市长唐良智在中国地质大学（武汉）召开现场工作会。唐良智市长协调各方就“中国宝谷”建设主体、项目推进机制、利益分配机制等问题达成共识，项目将发挥中国地质大学（武汉）优势，着力打造“珠宝+文化+旅游+科教+贸易+金融”产业综合体。

武汉市政府主导、东湖高新区负责、市场化主体运作的“武汉·中国宝谷”建设项目横空出世!

武汉东湖国家珠宝文化旅游产业基地项目，即“武汉·中国宝谷”项目不再只是一纸规划。

这也标志着计划到2030年将打造成3 000亿元产业基地和特色旅游地的“中国宝谷”建设正式启动。

政府引导吹响集结号，宝谷人梦想成真

从最初不经意间的谈笑到策划初稿的形成，从方案的修改论证到冲锋号的响起，只有一年半时间。一年半或许很短暂，或许很漫长，其实差别是针对何人、针对何事而言！作为一个重大的决策，作为一个关乎武汉发展的大事，一年半太快了！早在2013年4月，唐良智市长第一个听取了“武汉·中国宝谷”方案的汇报，此后一年又三个月时间里，政府安排了若干次调研和讨论。武汉市常务副市长贾耀斌、武汉市市委常委胡立山、武汉市副市长刘英姿、武汉市政协副主席张文彤等领导多次听取汇报或实地调研。政府的决策是谨慎的、科学的。

武汉市市长唐良智说：“没有地大，东湖风景区就是一般的风景区；有了地大，东湖风景区就变为武汉的一宝、全国的一宝，我们有非常坚定的信心建成千亿产业。”

武汉市常务副市长贾耀斌说：“因为有邮科院，所以有光谷；因为有地大，所以有宝谷。”

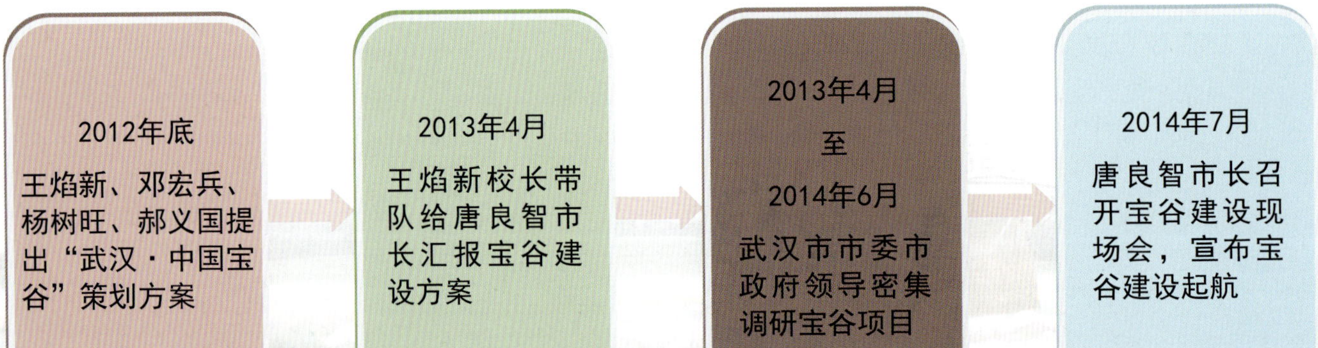

2014年7月25日，武汉市市长唐良智在中国地质大学（武汉）召开“武汉·中国宝谷”建设现场工作会

2014年6月10日，武汉市市委常委、常务副市长贾耀斌到中国地质大学（武汉）调研“武汉·中国宝谷”项目

六、全员总动员——市场主导

宝谷概念提出后，受到各方面的关注。学者在呐喊、政府在主导、媒体在报道、同行在追随，宝谷建设平静中波涛汹涌！短短几个月内，国内外多家企业和机构通过不同方式关注“武汉·中国宝谷”的建设。短短几个月内，更有一群充满激情的人们已开始身体力行参与宝谷规划、建设。

1.策划宝谷　铸造品牌

“我们的目标和任务就是叫响“武汉·中国宝谷”，把宝谷打造成湖北省暨武汉市的新名片。”武汉中地宝谷文化旅游产业研究院院长邓宏兵如是说。武汉中地宝谷文化旅游产业研究院的专家教授们经过认真调研和思考向省（市）领导提出了建设“武汉·中国宝谷”的建议并被采纳。他们非常珍惜来之不易的机会，为“武汉·中国宝谷”继续呐喊助威、献计献策将是他们未来的中心工作之一。为此，他们将继续围绕“武汉·中国宝谷”开展科学研究工作。武汉中地宝谷文化旅游产业研究院计划出版“武汉·中国宝谷”系列丛书，全方位诠释宝谷，全方位为宝谷建设出谋划策，全方位研究宝谷建设的战略问题。研究院还建立了以“武汉·中国宝谷”研究为宗旨的“武汉·中国宝谷网”（www.whzgbg.com）。

武汉中地宝谷文化旅游产业研究院（简称中地宝谷、中国宝谷研究院、宝谷研究院）以“武汉·中国宝谷”建设研究为己任。

研究院的理念和定位是“专注珠宝文化旅游产业融合发展，倡导用文化推动珠宝旅游产业发展”。

武汉·中国宝谷欢迎您

为推动武汉市及湖北省珠宝文化旅游产业融合发展，武汉市政府依托中国地质大学（武汉）及东湖“5A”风景区建设“武汉东湖国家珠宝文化旅游产业基地（武汉·中国宝谷）”，打造中国珠宝第二极和千亿产业集群。

“武汉·中国宝谷”鸟瞰图

武汉·中国宝谷网　　www.whzgbg.com

武汉·中国宝谷网
WWW.WHZGBG.COM
中地策划 点石成金
电话：15337246599
设为首页 | 加入收藏 | 中文版 | English
搜索
网站首页
新闻中心
宝谷研究
珠宝学苑
宝谷文化
专家论坛
宝谷名企
在线商城
关于我们
我们专注珠宝文化旅游产业融合发展
我们倡导用文化推动珠宝旅游产业发展
宝谷研究 MORE>>
热烈祝贺"武汉•中国宝谷官网"隆重上线
武汉东湖国家珠宝文化旅游产业基地（中国宝谷）建..
"武汉•中国宝谷"建设要实现三大突破
武汉市市委常委、常务副市长贾耀斌一行调研"武汉..
武汉市市委常委、常务副市长贾耀斌 主持召开"武..
武汉市市委常委胡立山一行到中国地质大学调研
珠宝学苑 MORE>>
钻石鉴别
珍珠鉴别
水晶鉴别
琥珀鉴别
和田玉鉴别
翡翠鉴别
宝谷文化 MORE>>
钻石的八大标志是钻石文化的重要内涵
紫水晶的传说
中国人的翡翠玉石文化
漫说中国玉器
鉴藏美玉八千年
传承千万年之久的琥珀传奇
最新资讯 MROE>>
"武汉•中国宝谷"项目正式起航
经济日报："武汉•中国宝谷"启动建设
"武汉•中国宝谷"雄心：16年做到3000亿
"武汉•中国宝谷"助推武汉打造千亿珠宝产业板块
斯里兰卡中斯友好协会主席调研"武汉•中国宝谷"
"武汉•中国宝谷"启动建设 上下游企业看好"宝谷"钱景
武汉市长唐良智：武汉将建设"宝谷" 请珠宝创意创业者留下
武汉市市委常委、常务副市长贾耀斌一行调研"武汉•中国宝谷"
常务副市长贾耀斌主持召开"武汉•中国宝谷"建设专题研讨会
中国黄金集团公司拟参与"武汉•中国宝谷"建设
在线商城 >>>>>
中地珠宝
CUG JEWELRY
电话：15337246599
传承中国地质大学
六十多年的珠宝文化底蕴！
专家论坛
邓宏兵
杨树旺
郝义国
田家华
邓宏兵
宝谷名品
名品1
名品2
名品3
名品4
名品5
宝谷名企
南望晶生
3D易饰
华城珠宝
中地宝谷
资环工研院
友情链接
周大福 | 周生生 | 周大生 | 六福珠宝 | 钻石小鸟 | 戴梦得 | 明牌 | 越王 | 老凤祥 | 谢瑞麟 | 金大福 | 福辉 | 卡地亚 | 宝格丽 | 格拉夫 |
香港彩宝集团 | 蒂芙尼 | 伯爵 | 梵克雅宝 | 施华洛世奇 | 海瑞温斯顿 |
版权所有：武汉中地宝谷文化旅游产业研究院有限公司
备案号：鄂ICP备14013961号
联系地址：武汉市洪山区鲁磨路388号中国地质大学 技术支持：海创网络
后台登陆
2014年9月28日 星期日 16:59:14 您是第 00010044 位访客

武汉·中国宝谷网站首页

2．实现宝谷　搭建平台

武汉地质资源环境工业技术研究院院长郝义国说：“我们的目标和任务就是把‘武汉 · 中国宝谷’变成现实，通过平台搭建，整合各方力量建设‘武汉 · 中国宝谷’。”在“武汉 · 中国宝谷”建设中，武汉地质资源环境工业技术研究院一马当先，代表中国地质大学（武汉）参与“武汉 · 中国宝谷”建设。在短短的时间里，他们组建专班，把“珠宝文化旅游创意”作为他们六大产业板块之一来重点推进。通过制订详细计划、广联各方力量，在推进“武汉 · 中国宝谷”建设的进程中大刀阔斧地开展工作。

武汉市市长唐良智和中国地质大学（武汉）党委书记郝翔共同为武汉地质资源环境工业技术研究院揭牌

湖北省省委组织部副部长、人力资源和社会保障厅厅长、党委书记程天山前来调研

充满朝气的“武汉·中国宝谷”建设团队

引领创新、鼓励创业的武汉地质资源环境工业技术研究院产业园区

3. 践行宝谷　率先垂范

“干”！一个字融入了武汉珠尔瑞置业有限公司法定代表人、总经理李开明先生对“武汉·中国宝谷”的理解和心血。说干就干，当“武汉·中国宝谷”策划方案还在萌芽状态的时候，这位具有战略家眼光的企业家便与中国地质大学（武汉）进行合作建设中国地质大学（武汉）珠宝科研大楼（地大天街）。

武汉珠尔瑞置业有限公司法定代表人、总经理李开明先生

中国地质大学（武汉）珠宝科研大楼（地大天街）

中国地质大学（武汉）珠宝科研大楼（地大天街）位于学校东二门，周边交通方便，地处鲁巷大商圈，临近区域覆盖千万消费群体。总建筑面积6万平方米，地下2层、地上12层。项目分为A、B两区。

A区为珠宝商业商务区。1～5层为商业楼（1楼为国内知名品牌珠宝店及大型珠宝旗舰店，层高5.1m；2楼以高档翡翠、彩宝、玉石、黄铂金为主，层高5.1m；3楼以销售珍珠、钻石镶嵌、K金、银饰为主，层高5.1m；4楼为配饰加工、定制中心、奇石古玩交易区，层高5.1m ；5楼为华中最大的绿松石批发市场，层高4.5m），6～11层为写字楼（6～9楼为高端珠宝会所，层高3.6m；10～11楼为武汉地质资源环境工业技术研究院企业孵化区，层高3.6m），12层为公司行政办公区域。

B区为中国地质大学（武汉）珠宝学院。1楼为艺术馆、2楼为博物馆、3楼为展览馆、4楼为会议中心、5楼为华中地区唯一一家珠宝鉴定检测中心、6楼为教学科研中心，1～5楼与A区珠宝商业区相连。中国地质大学（武汉）是教育部直属的全国重点大学，是国家首批“211工程”和“985工程优势学科创新平台”重点建设高校。下设的珠宝学院是一所专门以珠宝教育为中心任务的教学和科研单位，是我国最早和最具规模的宝石学教育和研究机构。

−2层是拥有200个车位的现代化停车场，−1楼配有国内品牌超市、美食广场及专设的员工餐厅。

中国地质大学（武汉）珠宝科研大楼（地大天街）将引进专业安保系统以确保各商户和珠宝学院的财产安全，在大楼营业时间段安排安保人员轮班巡场，确保及时发现问题并解决问题。闭店后，采取红外线网布控，任何人不得进入，确保监控工作做到大楼内外无死角。地大天街选用上海三菱电梯，采用智能刷卡系统，大楼共有10部电动扶梯、7部垂直梯和一台载重量为3吨的货运电梯。

中国地质大学（武汉）珠宝科研大楼（地大天街）的独具性是：

（1）拥有豪华的配置，超级的商业规模、顶级的品牌业态、品种类型丰富。

（2）大型商圈包围。第一圈层是周边范围内的150多万高校师生，第二圈层是创造超过5 000亿财富的行政人群和商务人群，第三圈层是通过地铁2号线全面覆盖超过1 000万的大武汉人群。

（3）以国内顶级综合体为蓝本规划设计。它地处商业腹地，直面高知人群，交通便捷，区位优越，市场潜力巨大。

（4）全新一代集开放式主题珠宝购物公园、珠宝艺术馆、博物馆、展览馆、珠宝主题酒店、花园式写字楼等各大板块于一体的主题珠宝商贸特区，还有高端休闲饮食、品牌超市等多种业态。

中国地质大学（武汉）珠宝科研大楼（地大天街）的愿景是：

（1）华中首席珠宝鉴定中心。中国地质大学（武汉）珠宝学院鉴定，对每件珠宝质量进行把关。

（2）华中首席珠宝置业培训中心。培训中心拥有国内一流的教学环境和丰富的教学标本，并聘请国内外权威的专家学者参与教学活动。课程培训涉及珠宝经营、管理、销售、策划、鉴定、设计、加工等内容，并针对企业特点、问题和需求提供专项专题培训。

（3）华中首席珠宝BLOCK。拥有6万方的超大珠宝交易中心，近20 000平方米的经营面积，经营范围包括钻石、彩宝、翡翠、和田玉、黄铂金及首饰配件等近10个区域，是武汉首家钻石、翡翠专业批发市场。

（4）华中首席珠宝科技艺术馆。艺术馆分为8个部分，分别为宝石的起源与开采、宝石的不同等级、金刚石、合成宝石、时尚珠宝、贵重金属、珍贵珠宝和黄金的加工工艺、白金和银饰以及水晶饰品的相关展出。

未来，中国地质大学（武汉）珠宝科研大楼（地大天街）将成为“武汉·中国宝谷”标志性的建筑。随着大楼的建成完工，“武汉·中国宝谷”的策划机构——武汉中地宝谷文化旅游产业研究院和武汉·中国宝谷网（www.whzgbg.com）将入驻该楼，中国地质大学（武汉）珠宝学院、武汉地质资源环境工业技术研究院珠宝企业孵化器亦将同步进驻。届时，地大天街不仅仅是一个珠宝交易中心，它将是更高层面的“武汉·中国宝谷”建设的战略研究中心和珠宝技术中心、珠宝企业孵化中心。

4．创新宝谷　科技突破

“‘武汉·中国宝谷’应该是一个高科技珠宝文化旅游产业园区。”武汉地大易饰三维珠宝文化艺术有限公司的团队成员说。武汉地大易饰三维珠宝文化艺术有限公司是一个以技术创新推动宝谷建设的公司，他们把以珠宝首饰为主题的3D打印、电子商务商城(www.easyarts.com.cn)开发及经营和3D打印设备及相关耗材开发作为主营业务。“易饰三维，打印出你的梦想”是这个成长中的公司的心愿。要用高科技引领“武汉·中国宝谷”的建设。创新宝谷需要科技突破，“武汉·中国宝谷”的高科技园区定位是必须坚持的。

易饰3D
EasyArts

5. 追梦宝谷　创业先锋

“宝谷走到哪，我就跟到哪！”说这话的是武汉地大南望晶生珠宝有限公司董事长、“武汉·中国宝谷”的超级粉丝朱蒙。说到朱蒙，在宝谷、在中国地质大学也是一位小有名气的人物。他在本科一年级就开始走上了创业之路，从2010年开始试水珠宝类业务。伴随“武汉·中国宝谷”项目的推进，现在是研究生二年级的朱蒙敏锐地感到这是一次创业的极好机会。在武汉中地宝谷文化旅游研究院的支持下投资150万元于2014年5月成立了武汉地大南望晶生珠宝有限公司。他们以“设计所想，造你所梦”为理念，打造了一个连接设计师与消费者的双边服务平台，为消费者提供个性化珠宝首饰定制，为设计师提供一个展示才能的平台；定位于中高端原创珠宝首饰、摆件及工艺品的制作与销售，致力于打造饰品界中国宝石行业领导品牌，以传播当代首饰艺术为文化理念，以期为我国珠宝首饰文化迈向世界艺术领域做出贡献。为此，他们专门建立起专业网站（www.nanwangjs.com）。“地大学子，值得信赖”是朱蒙团队打出的一张强有力的专业背景牌，团队在2014年湖北省“创青春·精彩在沃”大学生创业计划赛中获得金奖，并已申报国家级大学生创新创业项目。公司创意广受好评，受到了创投界、媒体界的关注。团队创业故事已被腾讯网、凤凰网、中国新闻网等主流媒体所报道。公司希望在各方力量的支持下，为“武汉·中国宝谷”建设伟业贡献自己的力量。追梦宝谷、圆梦宝谷，宝谷创业、创业先锋。

武汉地大南望晶生珠宝有限公司总经理朱蒙（右）

武汉地大南望晶生团队成员

七、任重而道远——重点突破

1. “武汉·中国宝谷”建设要解决的几个关键问题

第一，规划修编与对接问题。主要涉及东湖风景区规划的调整及与宝谷建设的对接问题，需与官桥湖片区规划及相应其他上位规划衔接，这是迫在眉睫的事情之一。

第二，土地出让使用形式。需在政策范围内，突破有利于融资和建设的土地出让形式。

第三，拆迁问题。项目的功能定位和特点决定开发模式，宝谷项目是“珠宝＋文化＋旅游＋商贸＋金融”产业综合体，不是传统的城市综合体，不能按传统做法建设。该项目将引领武汉成为全国珠宝产业新高地，带动文化旅游、金融等产业强势新发展，将成为继光谷后武汉经济强劲发展新引擎。投入少，产出高，这一特点决定了应由政府主导拆迁。

第四，资金问题。拆迁还建资金应由政府主导，同时，引进一些战略投资者，共同来推进宝谷建设。混合经济是符合十八届三中全会精神的。

第五，建设主体与运营模式问题。可以考虑在政府主导下，充分发挥中国地质大学（武汉）的优势和作用，按照市场经济规律，引进战略投资者，组建“武汉市中国宝谷投资公司”（简称武汉宝投）作为具体运营主体。同时，引进高端产业与金融团队，提升项目建设质量。武汉市中国宝谷投资公司拥有项目主导权和运营权，全面负责项目区域内的规划、开发、建设、招商和管理，并尽快完成“中国宝谷”定位及引进战略投资者的工作。最终形成以中国地质大学（武汉）专业优势、人才优势和品牌优势为依托，由政府牵头联合中国地质大学（武汉）、金融团队、开发商、战略投资者、其他开发区共同参与，共同成立的“中地宝投”及中国宝谷投资基金管理公司（以中国宝谷文化旅游产业基金作为打造“中国宝谷”产业的金融支持平台），启动中国宝谷项目实际运营工作。

2. “武汉·中国宝谷”建设要实现三大突破

21世纪以来，珠宝已成为继房产、汽车之后的第三大消费品，需求越来越旺盛。2005年以来，旅游业成为世界上最大产业；20世纪90年代以来，中国旅游业取得了突飞猛进的发展。如何进一步发展珠宝和文化旅游产业，特别是做到珠宝文化旅游业的融合发展，是一个值得思考的问题。针对该问题，我们于2012年底至2013年初提出“依托中国地质大学（武汉）珠宝文化旅游学科品牌优势，在东湖风景区磨山景区南部、南望山北部及毗邻地区打造‘武汉·中国宝谷’，建设武汉东湖国家级珠宝文化旅游产业基地”。该方案提出后，得到湖北省政府、武汉市政府主要领导的认可，武汉市相关部门已开始专门研究落实该建议。通过近一年多的论证、调研及推进工作，“武汉·中国宝谷”建设理念逐渐被大家接受，思路也逐渐清晰。

建设“武汉·中国宝谷”必须准确把握其性质和定位，理念和思想要突破。它的定位非常清楚，就是要打造国家级珠宝文化旅游产业基地，这是前提和灵魂，不把握这个定位就建不成“武汉·中国宝谷”。要按照国家级基地的要求和标准来建设，而且是高新技术的文化基地。它不是简单的珠宝一条街，也不是一个简单的旅游特色购物区，而是一个严格按市场规律形成的国家产业基地。在具体建设过程中，要充分利用中国顶级珠宝文化旅游学科与湖北、武汉（东湖）综合优势的叠加效应，建成购物休闲与文化旅游功能兼备的主题基地，填补我国中部地区珠宝产业空白，成为“中部崛起”的标志性工程。基地立足中部，面向国际，与珠三角、长三角、西南错位互补，打造中国珠宝第二极，形成特色鲜明的旅游目的地。它成为东湖风景区“5A”建设的关键和延伸项目，成为武汉市（东湖）特色购物旅游休闲区，丰富武汉城市旅游产品，提升武汉旅游品牌。

建设“武汉·中国宝谷”必须把握产业和区域内在联系，思路和视野要突破。要依托鲁磨路片区及中国地质大学（武汉）已有基础，沿鲁磨路向北延伸，将东湖风景区磨山景区南部、南望山北部及毗邻地区发展成珠宝文化旅游基地，不能局限在一条街几个店铺几栋楼的思维上，要超越一条街，超越有形的产业和空间形态。即依托一个核，超越一条街，打造三个区，带动多个点，使该区成为珠宝产业链上的专业集群区和特色旅游区，成为国家珠宝文化旅游产业基地和中国的“宝谷”，形成“一核一街三区多支点”格局。一核即教育与研发极核。依托中国地质大学（武汉）珠宝、旅游、艺术及相关学科而发展，是整个珠宝文化旅游产业基地的核心支持力量，是珠宝文化旅游产业基地核心竞争力所在。包括中国地质大学（武汉）珠宝与旅游及艺术传媒学科平台、中国珠宝教育中心（国家珠宝人才培养基地）、中国地质大学（武汉）珠宝教育国际交流中心、中国地质大学（武汉）珠宝研发中心、中国地质大学逸夫博物馆。学校本部主要是发挥核心研发、孵化作用。一街即鲁磨路珠宝街（鲁巷至南望山），定位为珠宝零售购物区，主要面向中低端市场。三区指珠宝创意设计与科教游览区（包括中国珠宝文化创意中心、中国珠宝首饰设计中心、设计师工作室、珠宝玉石首饰管理中心、国家珠宝玉石质量监督检测中心、国家珠宝实验室、中国珠宝业武汉产学研基地、珠宝学院）、珠宝文化鉴赏与休闲度假区［包括国家珠宝博物馆、国际珠宝商中国（武汉）俱乐部（武汉东湖珠宝总部经济区）、东湖亚太珠宝论坛（中国珠宝学术交流中心）、武汉东湖宝苑国际宾馆、中国地质大学（武汉）旅游学院、宝谷大剧院］、珠宝展示交易与旅游购物区（包括武汉东湖国际珠宝展销中心、武汉东湖珠宝文化旅游购物街、武汉东湖珠宝拍卖行、武汉东湖奇石园、宝谷婚纱摄影基地）。多支点是指“中国宝谷”建设除核心区外，还要带动和辐射省内宜昌、黄冈、十堰等地，甚至全国其他地方。目前，我们已开始在黄冈、十堰、宜昌开展相关工作。

建设“武汉·中国宝谷”必须抓住机遇乘势而上，行动和措施要突破。“中国宝谷”建设是国际国内珠宝与文化旅游产业大发展的必然结果，有利于武汉国家中心城市建设，有利于发挥旅游业的产业关联效益，有利于和谐城市建设，有利于提升武汉市城市品牌和东湖“5A”景区建设，有利于武汉倍增计划实现和解决就业问题、实现政学商联盟等社会效应。“中国宝谷”建设基础良好，地大珠宝、旅游的品牌价值和深厚的珠宝文化旅游底蕴是项目建设的核心资源和竞争力所在，鲁磨路珠宝街的产业基础和良好的区位优势为项目建设提供了可能。同时，建设符合区域和产业发展政策，符合相关规划要求，具有良好的经济效益、生态效益和社会效益。2020年可成为年产值800亿元产业基地和特色旅游地，2030年可成为年产值3 000亿元产业基地和特色旅游目的地。因此，必须抓住机遇，乘势而上，行动要快，措施要得力。湖北省、武汉市要成立专班并出台相关政策大力推进“中国宝谷”建设进程，中国地质大学（武汉）责无旁贷。

后记 POSTSCRIPT

——将论文写在我们钟爱的大地上

2014年7月25日，一个极其普通的日子，但对"武汉·中国宝谷"策划人来说是一个终身难以忘记的日子！对中国地质大学（武汉）来说，也是一个值得纪念的日子！对武汉市来说，或许也将是一个载入史册的日子！

这一天，武汉市市长唐良智带领政府相关局委办负责人到中国地质大学（武汉）现场办公，就加快推进"武汉·中国宝谷"项目建设作出战略部署。从此，这一天，便标志着"武汉·中国宝谷"项目建设的伟业由此开启。市长讲话掷地有声，建设"武汉·中国宝谷"指日可待！

回想一年又七个月的策划论证历程，"武汉·中国宝谷"策划人激动不已！南望山松涛阵阵、百枝飘曳或许已经动容！其实，作为一个市民，应该为他所在的城市做点什么，可以是惊天动地的，也可以是微不足道的。作为一个教授，要教好书、育好人，要做好科研，还要写一篇又一篇的论文，哪怕最后是废纸！但似乎更应把论文写在他钟爱的大地上。大地最实，最接"地气"！

一个单位、一所大学，也该为它所在的城市做点什么，可以是惊天动地的，也可以是微不足道的，但始终要牢记它的社会责任和义务。作为一所理工特色大学，中国地质大学（武汉）该为地方建设做点什么呢？"武汉·中国宝谷"建设的推进或许算是一种可以进一步讨论的模式！大学要严格履行它的职责，为国家培养人才，生产知识、创造知识，写出一篇篇SCI文章、获得一项项科研成果！但也要看到斯坦福旁的硅谷，北京大学、清华大学旁的中关村！武汉市市长唐良智说："没有地大〔中国地质大学（武汉）〕，东湖风景区就是一般的风景区；有了地大，东湖风景区就变为武汉的一宝、全国的一宝。"武汉市常务副市长贾耀斌说："因为有邮科院，所以有光谷；因为有地大，所以有宝谷。"市长的话带给我们的不应该是沾沾自喜，更多的应该是深思！

武汉珠宝、文化、旅游产业发展基础良好，但速度不快，档次不高。一个原本该高位发展的产业区域为什么反而处于低端，关键在于思路理念不明确，缺乏创新，创新是发展的钥匙。"武汉·中国宝谷"的建设实质应该是"武汉珠宝产业的革命"。武汉作为国家创新城市建设试点单位，任重道远！每个人、每个单位若尽可能地为这个美丽的城市做点力所能及的事，这或许就是最大的创新！

不妨从建设"武汉·中国宝谷"开始……

2014年10月1日笔者写于"武汉·中国宝谷"核心区